Yves E. Patak

Gespräche mit Luzi

Yves E. Patak

Gespräche mit Luzi

Erleuchtung für Unwillige

Umschlaggestaltung: Yves E. Patak & Scribando e. U., Wien
Umschlagfotos: © iStock.com / da-kuk, © iStock.com / CostinT,
Tiziana Della Tommasa
Satz: Jeanette Frieberg, Buchgestaltung | Mediendesign, Leipzig
Lektorat: Karin Vial, www.vial.de

Verlag: tredition GmbH, Hamburg
Printed in Germany

Bibliografische Information der Deutschen Nationalbibliothek:
Die Deutsche Nationalbibliothek verzeichnet diese Publikation in der Deutschen Nationalbibliografie; detaillierte bibliografische Daten sind im Internet über http://dnb.d-nb.de abrufbar.

Für Tiziana

VORWORT

Technisch gesehen war mein Leben perfekt. Beruflich war ich als Arzt erfolgreich und beliebt, von Haus aus vermögend, ich hatte eine schöne, intelligente Frau und drei reizende Kinder. Über die Jahre schlich sich jedoch ein bitterer Verdacht in mein Leben, und ich kam zur schnöden Erkenntnis, dass ich wohl zur Spezies der chronisch Unzufriedenen gehören musste. Wo bei anderen der Enthusiasmus über mich und mein Leben keine Grenzen kannte, konnte ich nur zynisch lächeln und für mich denken: »Tja, das war's dann wohl …«. Nachdem ich mein Leben lang Steigerungsmöglichkeiten gesucht und gefunden hatte, war ich an einem Punkt angelangt, an dem es nichts mehr gab, was mich noch richtig stimulieren konnte. Ich hatte alles, was man sich mit vernünftigem Ehrgeiz und Fleiß wünschen und erarbeiten konnte. Das Leben war lauwarm geworden, schmeckte fade. So lebte ich in dieser bleiernen, wolkenverhangenen Grundstimmung – bis zu jenem mir für alle Ewigkeit unvergesslichen Tag, als sich mein Leben jählings veränderte.

Das Gespräch kam sehr unerwartet. Am 21. August 2008, einem ungebührlich kalten, verregneten Pseudosommertag, verabschiedete ich abends um sechs meinen letzten Patienten, machte ein paar Aktennotizen, fuhr den Laptop auf meinem Schreibtisch herunter und klappte ihn zu. Wie jeden Abend bereitete ich mir in der meditativen Stille meiner feierabendlichen Praxis noch eine Tasse duftenden Darjeeling Tee und ließ den Tag Revue passieren. Ebenso zu meiner Routine gehörte nach dem Tee der letzte Kontrollgang durch die Praxis. Alle Fenster waren geschlossen, die Laborgeräte ausgeschaltet, die Lichter gelöscht. Aus einem mir unerklärlichen Grund blickte ich noch einmal kurz in mein Sprechzimmer – und blieb verdutzt stehen. Der Laptop auf meinem Schreibtisch war aufgeklappt und eingeschaltet. Verdutzt näherte ich mich dem elektronischen Tyrannen. Leise surrend stand er auf meinem Schreibtisch, als hätte er auf mich gewartet. Ich fühlte, wie mein Herz heftiger pochte. Natürlich war es möglich, dass ich statt auf »Ausschalten« auf »Neustart« gedrückt hatte – aber wie zum Teufel hatte sich der Laptop wieder von allein aufgeklappt? Mit gefurchter Stirn näherte ich mich dem geduldig summenden Objekt. Dann kam der Moment, der ein neues Kapitel in meinem Leben einläuten sollte. Mit weit aufgerissenen Augen starrte ich auf den Bildschirm. In einer bombastischen 36-Font-Schrift stand dort geschrieben:

JETZT REDE ICH!

Eine Gänsehaut kroch meinen Rücken hoch und runter und breitete sich auf meine Arme aus, bis alle Härchen pfeilgerade standen. Meine Beine wurden butterweich. Eine fremdartige Stimmung hatte sich in meinem Zimmer breitgemacht, ich spürte eine unheimliche Präsenz. Mit einem mulmigen Gefühl setzte ich mich vor meinen Computer und starrte auf die drei Worte. Wer zum Henker sollte so etwas schreiben? Und wie? Die unheilvolle Empfindung steigerte sich zu einer quälenden Ahnung, dass sich hier etwas Übernatürliches anbahnte, als ich erkannte, dass die Internetverbindung nicht aktiviert war. Vor meinen gebannten Augen flimmerte eine Word-Datei, was bedeuten musste, dass niemand sich über das weltweite Netzwerk einen albernen Witz erlaubte, sondern dass jemand direkt an meinem Laptop gesessen hatte! Aber wann? Während des Kontrollgangs durch die sieben Zimmer meiner Praxis hatte ich mein Sprechstundenzimmer wohl kaum länger als drei Minuten verlassen.

Fieberhaft versuchte ich mir das absurde Szenario vorzustellen, wie ein wieselflinker Einbrecher mit einem abwegigen Sinn für Humor sich blitzschnell auf meinen Computer stürzte, um mir eine Zeile zu hinterlassen – eine ominöse Zeile, die mir nicht viel mehr sagte als die Heisenberg'sche Unschärferelation oder eine japanische Gebrauchsanweisung. Ich schaute mich in meinem Büro um. Alles schien an seinem Platz zu stehen. Keine Spur eines Einbruchs, keine Anzeichen von Vandalismus, keine gestohlenen Medikamente oder Rezeptzettel. Aus einem abergläubischen Gefühl heraus zog ich die Steckkarte aus dem Computer, die mich drahtlos mit dem Internet verbinden konnte. Ich wollte zweihundert Prozent sicher sein, dass es sich bei dieser unerklärlichen Episode nicht um einen professionellen Hacker handelte, der sich aus der Distanz einen dummen Spaß mit mir erlaubte. Danach drückte ich auf die »Computer ausschalten«-Taste und wartete, bis der Bildschirm dunkel wurde. Da begann das wahrhaft Gespenstische. Der Bildschirm wurde tatsächlich schwarz, aber der Computer summte weiter – und plötzlich standen die drei Worte – JETZT REDE ICH! – in roten Lettern auf schwarzem Hintergrund. Aus meiner Besorgnis wurde Entsetzen. Was zum Teufel war in meinen Computer gefahren? Ich drückte auf die »Löschen«-Taste und wartete. Die drei Worte verschwanden sogleich. Wenige Sekunden später erschien in scharlachroten Buchstaben:

HABE ICH JETZT DEINE AUFMERKSAMKEIT?

Mit offenem Mund starrte ich auf die blutrote Zeile, die über dem schwarzen Hintergrund zu schweben schien. Als psychologisch geschultem Arzt war mir sogleich klar, dass die bestmögliche Erklärung für diesen Spuk diejenige war, dass ich soeben den Verstand verloren hatte. Ich versuchte mir ein Leben vorzustellen, in dem ich täglich morgens eine rote, mittags eine grüne und abends eine gelbe Pille schlucken musste, um keine Stimmen zu hören oder fremde Texte auf meinem Computer zu sehen. Der Bildschirm flimmerte, und sechs neue Zeilen erschienen:

DU BIST NICHT PARANOID. ICH MÖCHTE MICH EINFACH MIT DIR UNTERHALTEN. ABER WENN DU NICHT WILLST – ES GIBT MEHR ALS GENUG SEELEN AUF DIESER WELT, DIE MICH LIEBEND GERNE ERHÖREN WÜRDEN …

Ich war verrückt! Mit diesem Gedanken kam ein Übelkeit erregendes Kunterbunt an Emotionen: Angst, Ungläubigkeit, Anspannung und – Neugier. Wenn ich schon dem Wahnsinn verfallen war oder mir jemand eine Dosis LSD in meinen Tee gemischt hatte, warum sollte ich mich nicht auf dieses Abenteuer einlassen?

Mit größter Wahrscheinlichkeit würde ich entweder schreiend im Bett erwachen, oder man würde mich geifernd in einer eng gezurrten Zwangsjacke abführen. Also los, dachte ich, mal schauen, wohin das führt! Mit diesem Gedanken legte ich meine Hände auf die Tastatur und tippte mit klammen Fingern:

Wer bist du?

Wieder summte der Computer kurz auf, der Bildschirm flackerte, und ich las mit einer plötzlichen Frostigkeit im Herzen:

SATAN!

I

Ich bin kein abgebrühter Mensch, was mir in einer solchen Situation vermutlich geholfen hätte, doch versuchte ich, im Rahmen meiner Möglichkeiten einen kühlen Kopf zu bewahren. Die Netzwerkkarte lag neben dem Computer, es war also unmöglich, dass jemand von außen auf meinen Laptop zugreifen konnte. Aber damit war noch keineswegs der eingeschaltete und aufgeklappte Laptop erklärt. Da mir in meiner Nervosität nichts Gescheiteres in den Sinn kam, schrieb ich mit pochendem Herzen und einfallslosem Gemüt:

Beweise es! Wenn du Satan bist, kannst du sicher sehen, welche Kleidung ich gerade trage!

Die Antwort kam postwendend.

DU TRÄGST EIN PFIRSICHFARBENES HEMD, VERBLICHENE BLUE JEANS UND EINE ZIEMLICH HÄSSLICHE SCUBA SWATCH, DIE VIER MINUTEN NACHGEHT. DU HAST BARTSTOPPELN UND RINGE UNTER DEN AUGEN. DEIN LINKER ELLENBOGEN JUCKT.

Vor Staunen blieb mir der Mund offen stehen, während ich mich am linken Ellenbogen kratzte. Langsam schaute ich an mir hoch und runter. Es stimmte alles. Ich fragte mich, ob im Nachbarhaus ein Voyeur mit Feldstecher Position bezogen hatte, doch die Rollläden waren bereits herunter gerollt. Kein Mensch konnte mich sehen. Mein Verstand wehrte sich verzweifelt gegen das Undenkbare, und mein Puls raste. Ich hatte einen Geschmack im Mund, als hätte ich gerade mit Terpentin gegurgelt. Mit bebenden Fingern tippte ich:

Wer auch immer du bist, falls ich herausfinde, dass du mich bespitzelst, kriegst du Ärger mit mir und der Polizei. Ich empfehle dir, mit diesen Spielchen aufzuhören, sonst könnte es dir bald leid tun!

BRAUCHST DU MEHR BEWEISE? FRAG MICH IRGENDETWAS – ICH KENNE ALLE ANTWORTEN!

Bitte sehr: wie hießen Kaiser Nemos erste und zweite Frau?

OCTAVIA UND POPPAEA SABINA.

Okay, in Geschichte bist du offenbar sattelfest. Was ist Thyreotropin?

EIN GLYKOPROTEID DER HIRNANHANGSDRÜSE, DAS DIE JODIDAUFNAHME DURCH DIE SCHILDDRÜSE UND DIE FREISETZUNG DER SCHILDDRÜSENHORMONE STIMULIERT.

Alles klar, du musst ein Arzt sein, wahrscheinlich einer, der mich kennt. Was noch lange nicht heißt, dass du alles weißt. Was ist der Unterschied zwischen Rot- und Weißglut?

ROTGLUT IST ZWISCHEN 700 UND 900 GRAD CELSIUS HEISS, WEISSGLUT ÜBER 1 300 GRAD. DIE GLÜHFARBEN KÖNNEN ZUR TEMPERATURBESTIMMUNG GENUTZT WERDEN.

Was ist Stannum?

DER LATEINISCHE NAME FÜR ZINN.

Gebildetes Bürschchen. Was ist mein Lieblingsdrink?

MOJITO, MIT VIEL ZITRONE UND WENIG ZUCKER.

Ich bin echt beeindruckt. Was hatte ich als Kind für eine ungesunde Angewohnheit?

DU KNABBERTEST GERNE AN DEN KÖPFEN VON ABGEBRANNTEN STREICHHÖLZERN, WAS KULINARISCH ETWAS FRAGWÜRDIG IST.

Alles klar. Du bist jemand, der mich verdammt gut kennt. Wahrscheinlich sogar jemand, der mich heute gesehen hat, in meiner Praxis, weshalb du weißt, was für Klamotten ich trage. Ich habe keine Ahnung, wie du heute Abend in meine Praxis und an meinen Laptop gekommen bist oder wie du jetzt auf meine Fragen antwortest, aber vielleicht ist das ja ein abgekartetes Spiel, und ja, vielleicht hat dir heute meine Arztgehilfin heimlich die Tür geöffnet, bevor sie gegangen ist. Ich bin noch lange nicht überzeugt.

Wenn du also wirklich Satan bist, kannst du auch in meine Seele sehen?

SICHER.

Was für ein verrücktes Bild stelle ich mir gerade in dieser Sekunde vor?

DU STELLST DIR EINEN NEONGRÜNEN WALFISCH MIT KNALLROTEN BALLERINASCHUHEN UND GOLDZÄHNEN VOR, UND GLEICHZEITIG DENKST DU, DASS DU VÖLLIG MESCHUGGE SEIN MUSST.

Touché. Das ist verblüffend. Was beschäftigt mich denn zurzeit am meisten? Welches Thema verfolgt mich bis in meine Träume?

DU HAST DEN SINN DES LEBENS VERLOREN. DU BIST BERUFLICH ERFOLGREICH, VON HAUS AUS VERMÖGEND, HAST EINE SCHÖNE, INTELLIGENTE FRAU UND DREI REIZENDE KINDER. TROTZDEM FINDEST DU PLÖTZLICH KEINE STEIGERUNGSMÖGLICHKEITEN MEHR, FINDEST DAS LEBEN LAUWARM UND FADE.

Mir klappte die Kinnlade herunter. Kraftlos ließ ich mich in meinen Bürostuhl zurücksinken. Der Kerl konnte mir direkt ins Herz sehen! Ich versuchte, meine aufkeimende Panik in den Griff zu bekommen, indem ich schnell das Thema wechselte:

Wie bist du mit meinem Computer verbunden? Ich habe die Netzwerkkarte herausgezogen! Theoretisch kann gar keine Verbindung bestehen.

ICH BIN ÜBERALL UND NIRGENDS …

Sehr witzig. Sag schon.

ICH BIN AUCH IN DEINEM KOPF. WENN DU MÖCHTEST, KÖNNEN WIR UNS AUCH DORT UNTERHALTEN.

Lass deine Finger von meinem Kopf und bleib gefälligst im Computer! Den kann ich zur Not aus dem Fenster werfen.

DANN WERDEN MEINE WORTE IN FLAMMENDER SCHRIFT VOR DEINEM FENSTER ERSCHEINEN … ODER IN DEINEM SCHLAFZIMMERSPIEGEL … ODER IN DEINEN TRÄUMEN.

Träume ich denn jetzt? Ist das alles ein Traum, oder eine akute Schizophrenie, oder bist du einfach ein gottverdammter Hacker?

DU GEBRAUCHST DEN NAMEN DES SCHÖPFERS IN EHRFURCHTSLOSER WEISE. BIST DU DENN KEIN GOTTESFÜRCHTIGER MENSCH? NATÜRLICH WEISS ICH AUCH DAZU DIE ANTWORT – SONST HÄTTE ICH MICH JA NICHT BEI DIR GEMELDET.

Was zum Teufel willst du von mir???

AH, JETZT GEFÄLLST DU MIR SCHON BESSER! ALSO FOLGENDES: OBWOHL ES MICH SCHON FAST SO LANGE GIBT WIE EUREN LIEBEN GOTT, WERDE ICH AUCH NACH ZWEITAUSEND JAHREN CHRISTENTUM WEITERHIN FALSCH VERSTANDEN, FALSCH INTERPRETIERT, UND GLOBAL VERTEUFELT.

VOR EINIGEN JAHREN MACHTE EIN BUCH NAMENS »GESPRÄCHE MIT GOTT« FURORE. PLÖTZLICH GLAUBTEN MILLIONEN VON ZUVOR UNGLÄUBIGEN AN EINE GÖTTLICHE MACHT – AN MICH JEDOCH GLAUBEN SEIT DEM MITTELALTER IMMER WENIGER MENSCHEN. ICH DROHE IM SUMPF DER VERGESSENHEIT ZU VERSINKEN, IM REICH DER MYTHEN UND LEGENDEN ZU

VERSANDEN. DIEJENIGEN, DIE DEN KONTAKT ZU MIR SUCHEN, WOLLEN IMMER NUR DAS EINE: EINEN PAKT MIT DEM TEUFEL. UND SEIT MENSCHENGEDENKEN GEHT ES DABEI IMMER NUR UM MACHT, GELD, MISSBRÄUCHLICHEN LIEBESZAUBER, SEX, EWIGE JUGEND UND GESUNDHEIT. RICHTIG VERSTANDEN HAT MICH ABER BISHER KEINER. EIGENTLICH VERSUCHT SCHON GAR NIEMAND, MICH ZU VERSTEHEN. NIEMAND HAT BEGRIFFEN, WAS MEINE EIGENTLICHE FUNKTION AUF DIESEM PLANETEN IST. DESHALB WILL ICH NUN ÜBER DICH AN DIE MENSCHEN GELANGEN. ZUSAMMEN WERDEN WIR EIN NEUES BUCH SCHREIBEN!

Ein Buch? Was für ein Buch?

»GESPRÄCHE MIT LUZI«!

Das ist ein Scherz, nicht wahr?

KEINESWEGS. ICH BIN TEUFLISCH ERNST. UND SEI GEWAHR, DASS MAN DEM TEUFEL KEINEN WUNSCH ABSCHLAGEN SOLLTE …

Hör mal, ich bin weiterhin alles andere als überzeugt. Ich glaube weder so richtig an Gott noch an den Teufel. Warum sollte ich nun dir glauben? Ich habe schon gehört, dass es so etwas wie »automatisches Schreiben« gibt, wo Menschen plötzlich spontan mit dem Dalai Lama, mit Elvis oder Churchill kommunizieren und sich danach nicht mal daran erinnern, oder dies zumindest behaupten. Vielleicht erleide ich momentan gerade einen Nervenzusammenbruch, was einiges von diesem Unfug erklären würde.

DU HAST DAS BUCH »GESPRÄCHE MIT GOTT« GELESEN, UND ALS DU ES LASEST, GLAUBTEST DU IN EINEM TEIL DEINER SEELE, DASS AN DIESEM GOTT ETWAS DRAN SEIN KÖNNTE. WARUM SOLLTE ICH, SATAN, WENIGER AUTHENTISCH ODER PLAUSIBEL SEIN?

2

Weil es den Teufel im eigentlichen, faktischen Sinn nicht gibt! Gott könnte man ja immerhin als abstrakten Begriff, als Symbol für alle Aspekte der Schöpfung sehen, die wir Menschen nicht begreifen können. Einige Menschen glauben an einen Gott in Menschengestalt, andere an eine diffuse Urkraft, an eine alles durchdringende Matrix, an ein endloses, alles verbindendes morphogenetisches Feld, oder an ein Universum voller Geister und Mächte. All dies könnte man ja irgendwie unter dem Begriff »Gott« subsumieren. Aber der Teufel … nun, der ist doch immer nur der Buhmann, respektive das für viele Menschen unentbehrliche Symbol für das Böse. Der Teufel ist ein Monument an unsere Lebensanschauung, dass immer »jemand anderes schuld ist« an allem Negativen, das auf dieser Welt geschieht. Zudem ist der Teufel nötig als Beweis für die Dualität aller Dinge. Der Teufel ist somit ein Sinnbild, die personifizierte Gefahr, meine ich, das standardmäßige Machtmittel für die katholische Kirche, ein Schreckgespenst, um Kinder und Erwachsene gleichermaßen zum Gehorsam zu zwingen. Aber niemand glaubt doch wirklich an eine tatsächliche Figur, einen lebendigen Teufel, der sich als eigene Entität in wildfremder Leute Computer einloggt!

HÄTTEST DU ES LIEBER, WENN ICH MICH IN DEINE SEELE EINLOGGEN WÜRDE?

Untersteh dich!

DANN HÖR ZU – DENN JETZT SPRECHE ICH!

In Ordnung, dann lass mal hören. Was möchtest du mir denn so Dringendes sagen? Und warum ausgerechnet mir?

WEIL DU EIN UNGLÄUBIGER, EIN SKEPTIKER, EIN ZWEIFELNDER, ABER DENNOCH EIN SUCHENDER BIST. UND OBWOHL DU ALL DAS OBIGE BIST, HAST DU GOTT IRGENDWIE, IRGENDWANN GLAUBEN GESCHENKT. INZWISCHEN HABEN WEGEN BESAGTEM BUCH MILLIONEN VON MENSCHEN GOTT IHREN GLAUBEN GESCHENKT, UND IRGENDWO HÖRT AUCH BEI MIR DER SPASS AUF. DAS TRADITIONELLE DENKEN VON GUT UND BÖSE STEHT AUF DEM SPIEL, UND DAS MACHT MICH IRGENDWIE NOCH SCHWERMÜTIGER, ALS ICH ES SCHON BIN.

Wieso schreibst du überhaupt alles in Großbuchstaben?

Nun, ich dachte, es wirkt dann irgendwie imposanter, majestätischer, wenn du verstehst was ich meine. So besser?

Ja, schon.

Also: der Gott, den du in jenem Buch so beeindruckend fandest, ist eigentlich ein ziemlicher Angeber. Ich will nicht leugnen, dass er das Universum zum größten Teil kreiert hat. Oder sagen wir, er hat die Blaupausen gemacht, und ich das »Finish«. Denn ohne mich läuft im Universum so gut wie nichts. Ich finde es eine Unverschämtheit, wenn man mich sozusagen zu einem Symbol für den »falschen Weg« stempelt, ohne meine guten – um nicht zu sagen: essentiellen, lebensnotwendigen – Seiten zu würdigen.

Moment mal! Gesetzt den Fall, es gäbe dich wirklich – hättest du wirklich den Nerv, zu behaupten, die Welt brauche *dich?!*

Ja.

Ja?

Sicher.

Und warum, bitte sehr?

Weil das Universum, der Kosmos, das All ein Gleichgewicht braucht. Gut und Böse. Oben und Unten. Yin und Yang. Ursache und Wirkung. Verstopfung und Durchfall. Die Menschheit in ihrer grenzenlosen Ignoranz weiß leider immer noch viel zu wenig um dieses universelle Gesetz. Weißt du, wer sich um dieses Gleichgewicht kümmert?

Nun ja … niemand! Das kosmische Gleichgewicht hält sich ganz von alleine!

Falsch.

Dann Gott?

Voll daneben.

Wer sonst?

Ich.

Du? Du willst sagen, dass du *für das göttliche Gleichgewicht sorgst? Na da knutscht mich wohl ein Elch!*

Du kannst dich knutschen lassen, bis du blaue Flecken kriegst: Ich bin derjenige, der das göttliche Gleichgewicht aufrechterhält. Denn auch ich bin ein Gott. Nur, dass euer »lieber« Gott seit langem einen neuen Job als Zuschauer angenommen hat. Das Amt des Schöpfers, Supervisors und Managers hat er vor langer Zeit aufgegeben …

Supervisor? Manager? Wie meinst du das?

Nun, er hat das ganze Universum konzipiert, hat mich erschaffen wie den Rest der Kreation, und seither lehnt er sich in seinem Schaukelstuhl zurück und betrachtet mit selbstgefälligem Lächeln das Chaos seiner Schöpfung. Dabei raucht er eine Cohiba der teuersten Sorte und schlürft einen Chivas Regal.

Gott raucht und trinkt???

Das war ein Witz. Hast du mir überhaupt zugehört?

Sicher. Mir kommt es nur so vor, als ob du hier auf die abgedroschene Taktik der Polemik abzielst. Gott in den Dreck zu ziehen erscheint mir etwas billig für einen angeblich so mächtigen Herrscher wie dich.

Ich habe ja gar nichts gegen ihn. Es betrübt mich nur, dass der Mensch alles Laster mir anhängt und meine erhebliche Leistung zur Unterstützung und Erhaltung des kosmischen Gleichgewichtes nicht anerkennt. Dass ich hier mit dir so rede und dir reinen Wein einschenke hat jedoch nichts mit gekränktem Stolz und Wunsch nach Anerkennung zu tun: es geht vielmehr darum, dass ihr endlich begreifen sollt, was meine wahre Funktion ist. Denn erst wenn ihr diese meine Funktion versteht, werdet ihr auch die höheren, göttlichen Zusammenhänge in einem ganz neuen Licht erkennen. Du kannst kein Buch lesen, ohne zuvor das Alphabet zu erlernen.

Ich soll mir von Satan, dem Höllenfürsten, die »göttlichen Zusammenhänge« erklären lassen? Das ist ja wohl das Paradox des Jahrtausends!

Hör auf zu stänkern und hör zu. Seit Anbeginn der Menschheit stehe ich dem Menschen wohl viel näher als sein so genannter Schöpfer. Ich bin immer da, wenn er Hilfe braucht, und ich liefere meine Hilfe sofort, ohne fahle Versprechen vom Paradies, dem Leben nach dem Tode und dergleichen. Alles, was ich von meinen Klienten verlange, ist die Erkenntnis, dass alles eine Konsequenz hat. Mit jedem Geschäft bringe ich meinen Kunden das große Prinzip von Ursache und Wirkung näher. Deshalb gibt es bei jedem Geschäft mit mir stets einen Preis zu bezahlen. Ich liefere meine Dienste ohne Fehl und Tadel. Aber im Auftrag Gottes teste ich dabei seine Kreaturen, das heißt, euch, Tag und Nacht, ohne Atempause. Ich führe Gottes treuste Diener in Versuchung, unterjoche sie mit immer neuen Ängsten, piesacke sie mit schrecklichen Verlusten und Katastrophen – all dies im Auftrag Gottes.

Natürlich suche ich stets nur diejenigen auf, die gerade »reif« für solche Erfahrungen sind, jene, welche die richtige Resonanz für mich haben. Im Auftrag Gottes teste ich die Menschen und lasse sie so lange in *meinem* Königreich leiden, bis sie bereit sind, sich auf den Weg in die All-Einigkeit zu machen. Dabei ist Gottes größtes Geschenk an euch – der *freie Wille* – gleichzeitig euer ärgstes Hindernis, eure verflixteste Stolperfalle.

Ich kann dir nicht so ganz folgen.

Ich bin der Gott der Entropie. Das Gesetz der Entropie besagt, dass alles nach der Unordnung, nach dem Chaos strebt. In »Gespräche mit Gott« erklärt dir dein Schöpfer, dass er sich selbst erfahren wollte, quasi als das größte Geschenk, dass er sich selbst machen konnte. Aber um diese Selbsterfahrung zu machen, müsst ihr zuerst durch *mein* Chaos! Ohne die Erfahrung von Hass, Eifersucht, Mordlust, Neid, Schmerz, Depression und Angst, könnt ihr niemals den göttlichen Auftrag erfüllen!

Und darum frage ich dich: *Wer* bietet dem Menschen die Chance, all diese Erfahrungen zu machen, um ans Ziel zu gelangen? Etwa Gott?

Nun ja, ich denke, da er ja alles kreiert hat …

Falsch! *Ich* biete dem Menschen die einzigartige Chance, all diese Erfahrungen hier auf Erden zu machen! Und dies sogar in kürzester Zeit: indem ich den Menschen regelmäßig in Versuchung führe, braucht er keine Zeit zu verschwenden mit der Suche nach dem Chaos. Das ist *mein* göttliches Geschenk an den Menschen, und ich denke, dass ich es deswegen genau so wie Gott verdiene, anerkannt und angebetet zu werden. Ohne mich würdet ihr das Himmelreich niemals erreichen, da Gottes unergründliche Spielregeln dies praktisch verhindern. Ja, der Mensch sollte mich anbeten, so wie er Gott anbetet.

Das ist Blasphemie!

Nein. Nur ausgleichende Gerechtigkeit. Ich bin der Gott des Ausgleichs und der Balance.

Du bist ein Zyniker, nicht?

Manchmal schon. Aber in diesem Punkt kenne ich keinen Humor. Ich bin Gottes linke Hand, sein Gegenspieler und sein Spiegelbild. Fototechnisch gesehen wäre ich sein Negativ. Natürlich könnten wir uns regelmäßig treffen, um Pläne zu schmieden über des Menschen Geschick, aber das würde dem Gesetz des freien Willens nicht entsprechen. Der Mensch *hat* einen freien Willen, auf Geheiß des Schöpfers. Aber ohne mich würde der Mensch tatsächlich im Dunkeln tappen, würde ziellos hier auf Erden umherirren, bis er vielleicht nach einer Myriade von Inkarnationen seinen Pflichtplan erfüllt haben würde. Ich bin sozusagen der kosmische Katalysator: Durch mich wird der Mensch wie in einer hocheffizienten Fabrik geschliffen, bis er wie ein Diamant in seinem schönsten Glanz erstrahlen kann.

Das klingt ja alles zu gut, um wahr zu sein. Willst du behaupten, dass du ein waschechter Altruist und Menschenfreund bist?

Ja! Doppelt und dreifach ja! Ich bin vielleicht der letzte Humanist auf Erden! Ich helfe dem Menschen, aber der Mensch – so ungern ich das sage – tickt irgendwie nicht richtig. Er erschafft sich Bilder der Hölle und Ideen von ewiger Qual, auf die ich selbst nie gekommen wäre! Kennst du die »Divina Commedia«, die »Göttliche Komödie«?

Die von Dante Alighieri?

Eben diese. Dante Alighieri war ein Genie, aber auch nur ein Mensch. Seine größte Ambition war, dass sein majestätischstes Werk für alle Zeiten in die Literaturgeschichte Italiens eingeht. Wir zeichneten einen Pakt, und sein Wunsch ging in Erfüllung. Ich möchte nicht darauf eingehen, was der arme Kerl dafür erleiden musste. Immerhin, er hat den rechten Weg letztlich gefunden. Das Paradoxe am Ganzen war, dass er mir mit seiner Vision der Hölle mit ihren neun Ringen eines der heute gängigsten Konzepte für »die Hölle« schlechthin geliefert hat.

Also gibt es wirklich eine Hölle? Bei diesem Gedanken wird mir nun doch etwas mulmig.

Ja, die Hölle gibt es sehr wohl. Aber nicht so, wie ihr Menschen sie euch vorstellt – und gleichzeitig *genau* so, wie ihr sie euch vorstellt!

Wieder zu nebulös! Für das Fußvolk, bitte?

Die Hölle ist kein Ort auf Erden, oder im Jenseits. Die Hölle ist kein Gebilde aus Vulkangestein, schmiedeeisernen Ketten, glühenden Lavaströmen und schwefeligen Dämpfen. Die Hölle ist immer in eurer eigenen Seele, und immer ist sie genau so geartet, wie ihr sie euch im Moment vorstellt.

Dann ist die Hölle gar nicht deine eigene Schöpfung?

Mitnichten. Sie ist eine rein menschliche Erfindung. Als intelligenter Gott habe ich jedoch rasch erkannt, dass ich eure selbst erfundene Hölle als Mittel zum Zweck sehr wohl gebrauchen kann, und wie du weißt, heiligt der Zweck die Mittel. Du siehst, das Konzept von ewiger Folter und fortwährendem Leid ist ein durch und durch menschliches. Der Mensch hat sich seit Anbeginn der Zeit aus eigenem, abseitigem Antrieb ein Bildnis dessen errichtet, was Angst macht und Schmerzen bereitet. Wie immer bin ich nur dem Wunsch des Menschen nachgekommen und habe das perfektioniert und in seinen Dienst gestellt, was sein fehlgeleiteter Geist bereits konzipiert und sich herbeigewünscht hatte.

Einspruch! Nur weil man etwas fürchtet, heißt das doch noch lange nicht, dass man es sich herbeiwünscht!

Leider doch. Auch wenn ihr es nicht wahrhaben wollt: ihr seid selbst Schöpfer. Ihr erschafft euch eure eigene Realität, zu jeder Zeit, mit jedem Atemzug. Es ist alles eine Sache der Resonanz. Wie du in »Gespräche mit Gott« erfahren hast, sind wir alle Teile der Schöpfung, sind göttlich, sind fähig, Neues zu erschaffen. Nun, der Mensch hat sich als unbremsbarer Schöpfer des Bösen, des Negativen erwiesen. Die irrsinnige Tendenz des Menschen zum Machtmissbrauch, zur erzwungenen Liebe, zum Gehorsam durch Unterdrückung, und der Wunsch nach ewigem Leben brachten mich aufs Tapet. Ich bin des Menschen untertänigster Diener. Ich verlange für diesen treuen Dienst an der Menschheit auch nichts weiter als das Trinkgeld eben jener Erkenntnis, was es mit meinen Diensten auf höchster Ebene auf sich hat. Betet mich an, doch für den *wahren* Grund meiner Existenz, und ich werde euch für immer und ewig zur Seite stehen – bis zum jüngsten Gericht.

Das Jüngste Gericht ist doch auch nur so ein Ammenmärchen, eine Schreckensvision der katholischen Kirche, um ihre Schäfchen im Zaum zu halten!

Oh, aber gar nicht! Das Jüngste Gericht ist jedoch nicht wie ihr denkt ein grausiger Moment in einer düsteren Zukunft – das Jüngste Gericht findet *immer* statt, in jedem Augenblick! »Jüngst« heißt ja »eben gerade«, das heißt, es gibt keinen »jüngeren« Moment, somit findet das Jüngste Gericht immer *Jetzt* statt! Jeder Mensch richtet sich zu jedem Zeitpunkt *selbst*, sei das im Diesseits oder im Jenseits.

Das verstehe ich nicht.

Es ist ganz einfach: wenn das »innere Jüngste Gericht« im Diesseits entscheidet, dass der eingeschlagene Weg der falsche ist, so leidet der betroffene Mensch. Dafür sorge ich. Entscheidet er sich folglich für einen Richtungswechsel, so wird er dafür mittelfristig mit einem guten Gefühl belohnt. Dafür sorgt Gott.

Sträubt sich der Betroffene – was die meisten Menschen aus einer diffusen Angst heraus tun – so leidet er, und das Leid nimmt immer größere Dimensionen an. Dafür sorge *ich*. Ich bin derjenige, der dem Menschen hilft, sich zu einem Richtungswechsel zu entscheiden. Ich bin derjenige, der dem Menschen letztlich den göttlichen Weg zeigt. Stirbt der Mensch, so richtet sich seine Seele im Jenseits erneut selbst.

Was ist denn dieses viel zitierte »Jenseits« überhaupt?

Das Jenseits ist nichts anderes als eine für die meisten Menschen während des irdischen Lebens nur begrenzt erfahrbare

Dimension. In euren Träumen erlebt ihr einige dieser »jenseitigen Dimensionen«. Das Jenseits ist kein geographischer Ort, es ist genau so »überall« wie das Diesseits. Das von euch so dramatisierte Jenseits ist einfach eine andere, eine höhere Bewusstseinsebene – und sie ist nur einen Gedanken weit entfernt. Das Jenseits ist gleichzeitig am Times Square in New York, in den Reisfeldern von Bali, auf der Nordhemisphäre des Jupiters, wie auch am anderen Ende des Universums. Das ist übrigens ein Widerspruch in sich, denn das Universum hat kein Ende. Wie auch immer: die Seele richtet sich nach dem Tod des Menschen im Jenseits erneut, sie macht sozusagen eine Standortbestimmung. In den meisten Fällen sieht die Seele ein, dass sie noch einen verdammt langen Weg vor sich hat, bis sie aus dem Morast der niederen menschlichen Gelüste und Erwartungen – meiner Domäne – hinaus waten kann. Sodann trifft die Seele die Entscheidung, sich nochmals einen menschlichen Körper anzueignen, zu reinkarnieren, um den Weg zur Erhöhung weiterzugehen. Physikalisch gesehen, trachtet die Seele danach, eine höhere, lichtvollere Schwingung zu erreichen. Für diesen Prozess kommt die Seele zurück zur Erde – zu *mir*. Denn ich bin der Gott *dieser* Welt.

3

Du schneidest das Thema der Reinkarnation an. Gibt es diese tatsächlich? Wer hat denn nun Recht, die Christen mit ihrem Glaubenssatz von Paradies und Hölle, oder die Anhänger der Reinkarnations-Theorie, die Buddhisten und Hinduisten? Diese Frage hat mich schon immer brennend interessiert.

Lies die Heilige Schrift. Im neuen Testament findest du viele Hinweise auf die Reinkarnation. Die frühen Christen waren Anhänger des Reinkarnationsglaubens. Schon die Essener, die hundert Jahre vor Jesus in der Wüste am Toten Meer lebten, glaubten daran. Die Schriftrollen der Höhlen von Qumran belegen diesen Glauben. Mit der Zeit entstanden zwei Gruppen von Christen: die einen glaubten an die Reinkarnation, die anderen eben nicht. Doch erst Kaiser Justinian – vorwiegend durch seine Frau Theodora inspiriert, die befürchtete, in einem späteren Leben für ihre üblen Taten büßen zu müssen – setzte sich in zwei Konzilen, 543 und 553 nach Christus, für ein Verbot des Reinkarnationsgedankens ein und war damit erfolgreich. So wurde auch ein Anathema, ein Kirchenbann, für diejenigen ausgesprochen, welche noch behaupteten, ein früheres Leben gehabt zu haben. Papst Virgilius, der an die Reinkarnation glaubte, wurde aus fadenscheinigen Gründen ins Gefängnis gesteckt, damit er sein Votum nicht einbringen konnte.

Du meinst, das Verschwinden der Reinkarnationslehre aus dem Christentum beruht – wie so oft – auf einer Verschwörung, noch trivialer, auf einem Machtmissbrauch?

Aber immer! Die Wahrheit, oh Menschenkind, liegt euch stets zu Füßen, und wohl deshalb tretet ihr sie ständig mit den selbigen. Nicht der Mangel an Informationen ist euer Problem, sondern eure selbst gewählte, selektive Blindheit.

Ich fasse es nicht. Was geschah danach?

Um das Jahr 1100 herum verbreitete sich in Südfrankreich und in der Lombardei eine christliche Gemeinde: die Katharer. Sie waren Vegetarier und predigten die Reinkarnation. Um das Jahr 1200 gab es bereits 200 000 bis 300 000 Anhänger der Katharer. Papst Innozenz III bekämpfte sie, weil sie ihn nicht anerkannten und keine Kirchensteuer zahlten. Er rief zum ersten Kreuzzug gegen Christen auf! Wer einen Mord begangen hatte, sollte einen Monat lang an diesem Kreuzzug teilnehmen, um vor Gott Vergebung zu finden. So wurden die Katharer samt dem Reinkarnationsgedanken ausgerottet. Über die folgenden Jahrhunderte blieb das Wissen der griechischen Philosophen um die Reinkarnationslehre nur der Oberschicht vorbehalten. Erst im 16. und 17. Jahrhundert kam der Reinkarnationsgedanke durch die Schifffahrt aus Asien wieder nach Europa. Die Freimaurer stürzten sich praktisch auf die Reinkarnationstheorie, und im 18. Jahrhundert glaubte alles, was Rang und Namen hatte, an die Reinkarnation, so zum Beispiel Mozart, Schiller, Novalis, Goethe. Doch genug der Geschichte. Die Reinkarnation ist ein Faktum, ist eure Spielwiese, auf der ihr euch austoben könnt, ist eure Schule, in der ihr lernt, euch an euch selbst zu erinnern, an euren göttlichen Kern. Aber der Mensch, auf seinem heutigen Entwicklungsstand, ist leider noch weit davon entfernt, die tieferen Zusammenhänge der göttlichen Bestimmung zu verstehen. Darum übermitteln wir – Gott und ich – unsere

Informationen stets in der Sprache der Symbole, der Gefühle und der Träume. Diese drei Informationsträger gehen dem Menschen – dank deren Abstraktheit – näher an die Seele als intellektuell-rationales Wissen. Das Intellektuelle, das sogenannt Rationale, ist die Domäne des Egos, dieses seltsamen »Flaschengeistes« im Menschen, der euch zu dem macht, was ihr heute seid.

Du hast meine volle Aufmerksamkeit, erzähl weiter!

Ich werde dir eine vereinfachte Version der Wahrheit geben, da die meisten Menschen das Konzept von Zeitlosigkeit und verschiedenen Dimensionen nicht begreifen können. Es ist so: jede Seele, deren menschliche Hülle stirbt, betrachtet im Jenseits ihr Leben, das sie soeben beendet hat. Die positiven, gottgerichteten Gedanken und Taten von Liebe und Verbundenheit bringen der Seele eine Ahnung vom Paradies. Die negativen, mir zugewandten Gedanken und Taten mit dem Beigeschmack von Hass, Habgier, Angst, Eifersucht, Größenwahn, kurz, Ego-Denken, bringen der Seele großes Leid – einen Hauch der Hölle.

Und all die Reinkarnationen kann man tatsächlich wie eine lange Chronologie von immer neuen Menschenleben sehen?

Eigentlich nicht. Die Zeit, wie der Mensch sie kennt, gibt es nicht. Aber der Mensch kann in seinem dualen Empfinden nur »vorher« und »nachher« erkennen – ein »alles zusammen« überfordert seinen Geist. Das Sinnbild, dass alle Seelen wie »Splitter« eines großen Ganzen sind, ist nur ein mögliches Symbol; de facto kann man das große Ganze nicht aufsplittern, denn es ist alles ewig, unendlich und alles ist eins.

Und so gesehen, geschieht immer alles im Einen, und alles gleichzeitig.

Das ist mir zu hoch.

Ich weiß. Ihr seid eben noch nicht so weit. Aber ihr könnt und sollt daran arbeiten. Und wenn ihr es nicht tut, dann helfe ich euch, auch wenn euch meine Hilfe meist unangenehm ist.

Kommen denn alle Seelen zigmal zur Erde zurück?

Die meisten. Jesus war eure prominenteste Ausnahme. Er war vollkommen, aber das war er schon vor seinem Auftritt auf Erden. Sein Auftrag war jedoch nicht, euch von euren Sünden rein zu waschen – jedenfalls nicht auf die von euch gewünschte Art. Der Mensch ersehnte sich seit jeher denjenigen Erleuchteten, der ihm auf angenehmste Weise alle Probleme aus dem Weg räumen würde. Aber das ist nicht im Sinne von Gottes Selbsterfahrung. Jeder Einzelne von euch, jedes »Gott-Partikel«, muss sich selbst erfahren. Jesus war nur da, um euch als besonders eindrücklicher Wegweiser zum göttlichen Prinzip zu dienen. Er hat seinen Auftrag perfekt ausgeführt, aber seine Botschaft ist nur bruchstückartig von euch aufgenommen worden. Blind sind diejenigen, die nicht sehen wollen. Wer aber stets das Unübersehbare übersieht, das Unüberhörbare überhört, sollte sich nicht wundern, wenn ihm eines Tages Hören und Sehen vergeht. Deshalb kann ich es nicht genug betonen: wartet nicht darauf, dass jemand eure Probleme für euch löst, denn das ist eitle Zeitverschwendung! Es ist bejammernswert zu sehen, wie viele Menschen ihr ganzes Leben damit verschwenden, auf die Rückkehr des Messias zu warten.

Was soll denn das heißen? Dass Jesus nicht mehr kommt?

Genau.

Woher solltest denn du das wissen? Du gehörst schließlich zur anderen Seite!

Aus menschlicher Sicht – ja. Aus göttlicher Sicht – nein.

Wie bitte?!

Auf der göttlichen Ebene – der Ebene, wo alles eins, und alles vereint ist – gibt es keine »andere Seite«. Es ist alles eins. Leider liegt dieses Spektrum, wie bereits erwähnt, jenseits des menschlichen Verständnisses. Aber ihr seid eben erst »auf dem Weg«, und solange ihr zu leiden gewillt seid, so lange habt ihr auch Zeit für eure »Selbsterfahrung« als Teile Gottes.

Aber du sagst, dass Jesus nicht mehr zurückkommt. Warum glauben dann Millionen von Christen an die Wiederkehr des Messias?

Weil die meisten Christen, genau so wie die meisten Menschen überhaupt, ein erbärmliches Opferdasein fristen. Sie klammern sich verzweifelt an die illusionäre Hoffnung, dass der Messias ein zweites Mal auf Erden kommen wird, um sie von ihren Sünden rein zu waschen. Sie denken, dass sie passiv wie die Lämmer vor der Schlachtbank verharren können, und ein wundersamer Illuminierter sie von allem Übel befreien wird. Genau so vergeblich warten Millionen von Muslimen auf die Rückkehr Mohammeds. Manchmal lache ich schallend über die menschliche Naivität – nur, damit es Gott nicht tun muss …

Aber falls Jesus wirklich auf Erden wandelte, um die Menschheit von ihrem Leid zu befreien, warum sollte er es nicht ein zweites Mal versuchen? Und sei es auch nur, um erneut als Wegweiser zu Gott aufzutreten?

Wenn ihr es vor zweitausend Jahren nicht begriffen habt, dann begreift ihr es auch heute nicht! Die Lehren Christi waren tiefe, erhabene Weisheiten, ein Hauch vom Göttlichen in seiner ureigensten Form, und was habt ihr mit seinen Lehren getan? Ihr habt sie in den Dreck gezogen, manipuliert und einen zweitausendjährigen, grotesken Machtmissbrauch damit betrieben. Über unzählige Generationen habt ihr eure Brüder und Schwestern betrogen, ausgenommen, misshandelt und getötet – und das alles unter dem Deckmantel der Religion, unter dem Alibi des Wortes Jesu. Mir würde beim besten Willen kein guter Grund einfallen, warum Jesus noch einmal für euch leiden sollte.

Aus Mitleid vielleicht?

Oh, Mitleid hatte er genug! Was ich euch Menschen immer wieder in den Schädel einhämmern möchte ist dies: ihr habt den freien Willen, und somit die Wahl. Entweder ihr wählt den Königsweg der Erkenntnis – oder meinen Weg der Erfahrung durch Leid. Alle Wege führen nach Rom, nur führen gewisse Pfade über unerquickliche Umwege. Mein Weg steht keineswegs im Widerspruch mit dem göttlichen Plan, und auch auf meinem Weg ist etwas Optimismus durchaus angebracht, ganz nach dem Motto »Reicht dir das Leben eine

Zitrone, so bereite dir daraus eine erfrischende Limonade.« Jesus musste leider ernüchtert einsehen, dass ihr es meistens lieber auf die harte Tour lernt. Und dafür bin ich ja hier – als euer gestrenger Lehrer und Meister auf Erden!

Aber wir Menschen wollen doch gar nicht das Böse! Wir suchen nach Liebe, Eintracht und Harmonie!

Ach ja?

Nun ja, ich meine, wir suchen, aber leider kommen viele von uns dabei auf Abwege.

Genau. Und dabei möchte ich euch behilflich sein.

Auf Abwege zu kommen?

Ja.

Dann bist du ja doch böse?!

Auf meiner Ebene gibt es weder gut noch böse. Ich gebe euch jedoch mit Wonne diejenigen Fußtritte, die euch dazu bringen, den Weg weiter zu gehen. Ich helfe euch, dem ewigen, unseligen Leid der Stagnation zu entkommen.

Stagnation?

Ihr Menschen möchtet dies und jenes. Das Wollen liegt in eurer Natur. Das Noch-mehr-wollen ist eure Passion und eure Religion. So weit, so schlecht. Doch dann kommt der wirklich unangenehme Teil:

»Ich muss für mein Ziel ja etwas leisten!« – wie leidig!
»Ich könnte bei meinem Unternehmen scheitern!« – wie betrüblich!
»Jemand anderes könnte mir zuvorkommen oder es besser machen« – wie beängstigend! Die meisten Menschen bleiben im Morast der Angst stecken. Angst vor Anstrengung, Angst vor Versagen, Angst vor Liebesentzug, Angst vor Verlust, Angst vor Schmerzen, Angst vor dem Leben, Angst vor der Leere, Angst vor dem Tod. Nun, woher kommt die Angst?

Von dir?

Lass dich erleuchten: die Angst kommt aus eurem eigenen Ego! Euer Ego ist der Dämon in euch, der euch denken lässt, ihr wäret vom All-Eins getrennt, der euch glauben lässt, dass ihr euch vor tausend Gefahren und vor dem Tod schützen müsst, der euch die Lüge auftischt, dass andere an eurem düsteren Schicksal schuldig sind. Das Ego zieht euch immer in die Vergangenheit, die euch konditioniert, auf eine ganz bestimmte Art zu denken und zu handeln, und es schubst euch ständig in die Zukunft, an der ihr arbeiten sollt, um sie rosiger zu gestalten als die Gegenwart. Doch euer Ego weiß *nichts* von der Gegenwart, es lebt nur in der Vergangenheit und der Zukunft und will euch überzeugen, dass die Gegenwart nicht gut genug ist. Euer Ego ist die große *Illusion* in euch, der ungöttliche Aspekt, der euch all euer Leid und die *Angst* bringt! Und was tut die Angst?

Sie lähmt uns?

Bravo! Sie lähmt! Sie lähmt den Willen, den Körper, den Geist und die Seele. Und hier betrete ich die Bühne: ich agiere als göttlicher, wenn auch aus eurer Sicht diabolischer Katalysator und steigere eure Angst, Tag für Tag, Jahr für Jahr, von Generation zu Generation.

Und das nennst du Hilfe? Ist das wieder teuflischer Sarkasmus?

Aber nein doch! Hör zu: ich aktiviere eure Angst bis zum »point of no return«, bis zu dem Punkt, wo etwas geschehen *muss*! Indem ich euch peinige, sorge ich dafür, dass ihr im Leben und in eurer Entwicklung nicht stehen bleibt. Wenn die Angst zu groß wird, dann bleiben nur zwei Auswege übrig: man wird mutig und schreitet voran, oder man geht unter und stirbt. Viele Menschen sind schon zeit ihres Lebens tot. Erinnere dich an Jesu Worte: »Lass die Toten ihre Toten begraben«. Stirbt man jedoch physisch, so ist man im nächsten Leben gleich weit wie zuvor, und die Lebensschule geht weiter. Es bleibt euch nichts erspart – sicherlich nicht die Erkenntnis, um die es bei der Erleuchtung geht. Wird man mutig, dann erklimmt man Schritt für Schritt wie ein kühner Bergsteiger den nächsten Gipfel – gemäß Gottes höchstem Plan. Denn Mut ist der kleine Bruder des Vertrauens. Und so lange euch dieses fehlt, tappt ihr im Dunkeln, stoßt euch unzählige Male den Kopf an unsichtbaren Felsen, und ihr leidet. So simpel ist das Ganze.

4

Macht es dir denn Freude, uns Menschen zu peinigen und zu quälen?

Natürlich.

Natürlich?! Und das sagst du so, als ob das in Ordnung wäre?

Alles auf der Welt ist in Ordnung. Anders ginge es gar nicht. Und da ich meinen göttlichen Auftrag als der Diabolus perfekt erfülle, ist auch das in Ordnung. Jedes Mal, wenn ich jemandem meine Pranke auf die Schulter lege, wenn ich jemandem meinen schwefeligen Atem ins Gesicht hauche, wenn jemand zur tiefsten Nacht schreiend aus einem Alptraum erwacht, wenn jemand in düsterster Verzweiflung weder ein noch aus weiß, dann empfinde ich Freude und Befriedigung.

Weil du das Böse, ein Menschenquäler und ein Sadist bist?

Freilich! Schließlich bin ich nicht umsonst der Höllenfürst, und nicht mal Gott würde einem sich Tag und Nacht abrackernden Arbeitskollegen die kleinen Freuden an der Arbeit missgönnen! Doch Scherz beiseite: Der Hauptgrund meiner Freude liegt darin, dass ich dem göttlichen Plan zu seiner Verwirklichung verhelfe, *indem* ich euch peinige. Durch meine Hilfe, durch meine euch infiltrierenden Emotionen, erfahrt ihr euch selbst auf mannigfachste Weise, und ihr entkommt dem Grauen des Stillstands, der Unlust der Unbeweglichkeit, dem Bangen der Starre.

Was ist am Stillstand denn so schlimm?

Er widerspricht dem göttlichen Plan. Gott will sich selbst erfahren. Damit sich etwas oder jemand erfahren kann, muss etwas geschehen, es bedarf einer Dynamik. Ich spreche nicht von der meditativen Stille, in der sich sehr viel Dynamik entwickeln kann. Ich spreche nicht von der Geduld. Geduld ist eine Tugend, doch viele Tugenden sind genauso anstrengend wie Laster, und die meisten von euch scheuen jede Anstrengung. Zudem ist der Mensch in seiner Natur kein geduldiges Wesen, was ihm in seiner Entwicklung genauso im Wege steht wie seine Tendenz zum ängstlichen Festklammern. Ja, Geduld solltet ihr lernen. Für nichts habt ihr Zeit. Wie ich zu sagen pflege: der Mensch hat die Uhren, Gott und ich haben die Zeit. Doch zurück zum Thema. Ich spreche vom Stillstand der Seele, zu dem ihr Menschen leider in höchstem Maße tendiert. Denn der Mensch neigt zur Angst, und die Angst ist das mächtigste Gift, das die Seele lähmt. In der Alchemie wie auch in der chinesischen Medizin gibt es das Prinzip der Transformation – wenn von einem Charakteristikum zu viel entsteht, kippt es ins Gegenteil, es transformiert sich in seinen eigenen Gegenspieler. Zu viel Hitze kippt über in Kälte, zu viel Schwarz verwandelt sich in Weiß, zu viel Hass transformiert sich in Liebe. Es ist die Alchemie der Verwandlung vom Saulus zum Paulus.

Saulus? Paulus?

Es grenzt an Perversion, wenn ich, der Teufel, dir eine Bibelgeschichte erzählen muss! Saulus war ein erbitterter Gegner der aufkommenden christlichen Kirche, die er für eine jüdische Sekte hielt, welche sich gegen das Gesetz wandte und deshalb vernichtet werden musste. Durch einen epileptischen Anfall – den ich ihm bescherte – stürzte Saulus bei seiner Reise von Jerusalem nach Damaskus vom Pferd und war drei Tage lang blind. In diesen Tagen der Blindheit hatte er eine Vision von Jesus, gewann danach sein Augenlicht zurück, und wurde zu einem der glühendsten Verkünder der Lehren Christi. Eine wunderschöne Anekdote der Transformation.

Indem ich eure Angst katalysiere, indem ich sie aktiviere, sie anstachle und vervielfache, kippt sie irgendwann in ihren eigenen Gegenspieler um: *Mut*. Und nur mit Mut kommt ihr voran, nur mit Mut könnt ihr lernen, zu vertrauen und euch auf dem langen Weg zur All-Einigkeit auch guten Mutes von uns höheren Mächten führen lassen. Vergesst nie, dass ihr selbst ein Teil dieser höheren Mächte seid – genau so, wie wir ein Teil von euch sind.

Ich bin verwirrt. Und ich verstehe immer noch nicht, warum du ausgerechnet mich auswählst, um ein solches Buch zu schreiben. Falls du wirklich der Teufel bist, könntest du das Buch doch mit einem deiner Jünger schreiben – oder es sogar selbst aufzeichnen.

Das wäre nicht der richtige Weg. Ich brauche einen Dialog mit einem Zweifler, auf dass wir in diesem Buch sämtliche erdenklichen Zweifel aus dem Weg räumen. Du erkennst, so nebenbei, das göttliche Paradox: ich, der ich als Diabolus in meinem Namen schon die Verleumdung – die Mutter des Zweifels – trage, bin auch derjenige, der den Zweifel ausmerzen muss.

Und das kannst du nicht selbst tun?

Alleine wäre ich nicht objektiv genug. Auch der Dialog mit einem Jünger Gottes oder einem eingefleischten Satansanhänger wäre falsch. Beide würden stets nur entweder Gott oder mir Wasser auf unsere Mühlen gießen, ohne die wirklich wesentlichen Fragen, die essentiellen Zweifel, zu tangieren. Hast du schon etwas bemerkt?

Was denn? Ich bin so durcheinander, dass ich gar nichts mehr bemerken kann!

Achte auf dein Bauchgefühl. Seit du auf deinem Bildschirm meine ersten Worte gelesen hast, sagt es dir, dass ich tatsächlich Satan bin – und doch bin ich nicht die Bestie, die du zu kennen glaubtest. Dein Kopf zweifelt und hadert, aber dein tiefster Instinkt weiß genau, mit wem du es hier zu tun hast.

Du hast Recht – und genau deswegen ist mein Kopf überzeugt, dass ich wahnsinnig geworden bin, und das macht mir Angst. Irgendwann ist dieser Dialog vorbei, und dann bin ich nur noch wahnsinnig … allein und wahnsinnig!

Nein. Bald ist dieses Zwiegespräch vorbei, und du wirst die ganze Wahrheit kennen. Du wirst ein Erleuchteter sein. Wie du weißt, nennt man mich auch Luzifer – den Lichtträger. Ich bringe dir und der Menschheit Erleuchtung. Dein einziger Auftrag ist, meine Botschaft unter deinesgleichen zu bringen.

Deine Botschaft unter die Menschen bringen … irgendwie habe ich das Gefühl, wegen dir noch auf dem Scheiterhaufen zu landen! Aber sag mal – ich kann mich gar nicht mehr erinnern, was denn Gott zu deiner Person sagt! Ob er überhaupt etwas sagt – im anderen Buch, meine ich. Oder in der Bibel.

Gott spricht nicht besonders viel über mich. Er lässt mich gern im Dunkeln des Erdschattens hocken, meint sogar, dass ich dorthin gehöre. Dabei war ich einst eines seiner Lieblingskinder …

Das ist auch so ein Thema: das Ganze mit dem Himmel und der Hölle, den Engeln und dem gefallenen Engel … das kann doch alles nicht sein! Das sind doch auch nur Symbole für etwas, was wir Menschen nicht begreifen können!

Da hast du völlig Recht. Gott gibt sich durch Gefühle, Gedanken und »Zufälle« zu erkennen, die Bibel drückt sich durch Sinnbilder und Gleichnisse aus, die der Mensch einigermaßen verstehen kann. Das Problem ist wie erwähnt die Dualität. Der Mensch vermag es nicht, das »*Alles*« zu erfassen. Noch nicht. Er kann immer nur eine Seite der Medaille sehen. Deshalb ist alles unterteilt in Gut und Böse, Schwarz und Weiß. Und diese Dichotomie, diese Teilung, wird so lange bestehen, bis der Mensch seinen Weg zurück gefunden hat. Den Weg zu Gott, den Weg zur All-Einigkeit. Sobald der letzte Mensch, die letzte Seele das große Ziel erreicht hat, wird es auch Gott und mich – so wie ihr uns kennt – nicht mehr geben.

Was bleibt dann übrig? Das große Nichts?

Das *All*. Die *All-Einigkeit*. Die Buddhisten sprechen auch vom Nirwana, was eigentlich *Verlöschen*, *Verwehen* heißt: im übertragenen Sinn bedeutet es, dass im Nirwana die Flammen der Begierde, des Hasses und der Unwissenheit verloschen sind. Mit dem Erreichen des Nirwana endet der Kreislauf der Wiedergeburt in die Dualität. In der Bibel wird der Sündenfall erwähnt. Auch dieser wurde von den meisten von euch fehl interpretiert. Im Altdeutschen bedeutet *Sünde* eigentlich »Trennung«. Der Sündenfall symbolisiert somit den Zeitpunkt, in welchem der Mensch in die Trennung, sprich, in die Dualität fiel – was übrigens, nur so zur Erinnerung, auf Gottes Wunsch geschah. Und genauso, wie er von der All-Einigkeit in die Dualität, die Polarität, in die Trennung fiel, so wird er eines Tages zurückkehren in die All-Einigkeit. Dann erst sind wir alle wieder eins.

Erstrebst du denn diesen Zustand genau so sehr wie wir Menschen? Möchtest du wirklich diesem göttlichen Plan dienen?

Absolut und 666-mal ja! Ich nehme meine Aufgabe sehr ernst und handle genau nach meinem eigenen besten Wissen und Gewissen. Ihr Menschen seht den lieben Gott sozusagen als das Yang, das Helle, Leuchtende, Obere. Somit bin ich zwangsweise das Yin, das Dunkle, Absorbierende, Untere. Eigentlich sind wir ja alle eins – aber so lange auch nur ein Mensch in der Dualität lebt, so lange lebe und walte ich – unter anderem – als der große Entzweier, der Spalter, der Engel des Zweifels und des Zerwürfnisses. Das große Geheimnis ist, dass ich letztlich nur eine Projektion eurer selbst und gleichzeitig euer Spiegel bin. Ihr externalisiert mich, damit ihr mich nicht in euch selbst erkennen müsst. Im Laufe eurer Geschichte habt ihr irgendwann beschlossen, dass gewisse Dinge gut, andere schlecht sind. Und da ihr beschlossen habt, nur »gut« zu sein, weil dies »richtig« ist, könnt ihr nicht damit leben, auch das »Böse« in euch zu tragen. Die Lösung dieses Problems ist genau so banal wie trügerisch: ihr habt dem Bösen ein Gesicht gegeben, eine Milliarde Gesichter – mein Gesicht. Dabei seht ihr jedes Mal, wenn ihr mich als den Teufel seht, euer eigenes Gesicht. Ihr lebt mit euren tausend göttlichen

Facetten, doch nur die Hälfte davon wollt ihr als euch zugehörig akzeptieren. Die anderen Aspekte verbannt ihr in den tiefsten Abgrund eurer eigenen, inneren Hölle, von wo sie tagtäglich ihren Aufstand planen, rebellieren und euch das Leben schwer machen. Diese von euch verdrängten Dimensionen wollen anerkannt, verstanden und integriert werden. Solange ihr von dieser Tatsache davonlauft, werdet ihr im Sumpf der Dualität stecken bleiben und mit jedem Tag tiefer und tiefer sinken.

Dann haben jene Psychologen Recht, die von unserem »Schatten« sprechen, den wir nur äußerst ungern konfrontieren?

Ja, sie haben absolut Recht. Es gibt auf dieser meiner Welt so viele Zeichen, Analogien, Sinnbilder und Wegweiser, dass es fast an ein Wunder grenzt, dass die allermeisten von euch diese Zeichen ein Leben lang übersehen können. Die Esoterik, die Astrologie, die Mystik, das Bauchgefühl, die so genannten Zufälle, die Spiegelfunktion des Gegenübers … die Liste ist beinahe endlos. Mein eigenes Thema, das Teuflische, findet sich zum Beispiel klar und deutlich in den astrologischen Analogien: die Themen, die ich euch nahe lege, sind die archetypisch plutonischen. Zu meinen Resonanzen gehört der Tod, der Skorpion, Lilith und Nessus, die Wandlung, Abhängigkeit und der Machtmissbrauch, die Sexualität, das Prinzip von Alles-oder-Nichts, von Werden und Vergehen, Haben und Nichthaben, die Verführung und die Lust mit ihren Folgen, Bedrängung und Vergeltung … die Kette der Analogien ließe sich ad libitum weiterführen. Es gibt ein gar erleuchtendes Spiel, das *Symbolen*, das die menschlichen Thematiken auf mystisch differenzierte Art und Weise anspricht. Es ist das Spiel der Erinnerungen, in dem ihr euch eurer selbst erinnern sollt. Es ist das Spiel, in dem ihr all euren verdrängten, unliebsamen, in den seelischen Kerker verbannten *Personenanteilen* begegnen müsst, um diese zu verstehen und zu integrieren. Dieses Spiel ist eines der schönsten Orakel, um den roten Faden in eurem Leben zu erkennen. Aber der Mensch ist taub und blind, wenn es darum geht, zu übersehen, was er nicht erkennen will. Und auch dafür bin ich hier: um euch – mit Verlaub – ab und zu gehörig in den Hintern zu treten, bis ihr endlich mal einen Schritt nach vorne tut. Dabei spielt es eigentlich gar keine Rolle, ob dies ein Schritt nach vorne oder hinten ist: jeder Schritt bringt euch weiter. Das wahrhaft Un-Göttliche ist die Bewegungslosigkeit, die Starre, die Lähmung, die Stagnation. Und vor der will ich euch bewahren, denn darin liegt des Menschen größte Gefahr.

Und wieder klingst du wie des Menschen bester Freund. Trotzdem verstehe ich langsam deine Botschaft. Oder lügst du mir nur etwas vor? Der Teufel wird doch immer wieder als der große Lügner, der Verdreher, der Verblende dargestellt. Wie soll ich wissen, ob all dies nur eine einzige große Lüge ist?

Nun, gäbe es die Wahrheit ohne die Lüge? Natürlich lüge ich, immer und immer wieder. Ich vermische die Wahrheit mit der Lüge, und schon steht ihr nackt und hilflos da. Und warum tue ich dies?

Du wirst nun bestimmt sagen, dass du es nicht aus Bosheit tust?

Ach, die Lust am Peinigen ist nur ein Teilaspekt meiner Motivation, eine Klausel in meinem Arbeitsvertrag … natürlich darf auch hier der Spaß an der Arbeit nicht fehlen, mein liebes Menschenkind! Aber ich tue dies nicht *nur* aus Bosheit, sondern vor allem aus Hilfsbereitschaft und Nächstenliebe. Ohne mich gäbe es nichts zu hinterfragen, keinen Zweifel, und ihr würdet euch wohl nie mit etwas wahrhaftig und tiefgründig befassen. Ihr würdet für Äonen wie die Schafe in blindem Glauben irgendeinem Leithammel hinterher blöken, bis zum Ende der Welt. Ich bringe euch den Zweifel und die Verunsicherung, und wenn ihr völlig verunsichert seid, wenn ihr niemandem mehr trauen könnt, dann erst werdet ihr lernen, auf eure eigene, innere Stimme zu hören. Dann erst erkennt ihr die Wahrheit.

Tun wir das denn sonst zu wenig?

Heilige Lilith, soll das ein Witz sein? Wenn ich mal teuflisch ehrlich sein darf: Ihr seid ein Schlag von Feiglingen, Weicheiern und Warm-Duschern. Die Menschheit besteht zu einem Prozent aus Leithammeln, die ihre Führerkraft aus einem überblähten Ego schöpfen, und zu neunundneunzig Prozent aus willenlosen Schafen, welche diesen Leithammeln bis zur Schlachtbank folgen. Warum folgen sie? Damit sie um Gottes willen nicht selbst nachdenken oder Verantwortung für das eigene Leben übernehmen müssen. Ohne mich würde die Menschheit in einem bleiernen Meer aus Lethargie versinken. Doch ich schicke euch mit teuflischem Geschick stets eure eigenen, verdrängten Bilder aus dem Keller des Vergessens wieder an die Oberfläche eures Bewusstseins. Ich zwinge euch dazu, euch mit euren verdrängten Aspekten auseinanderzusetzen, um euch selbst wie ein Puzzlespiel wieder zu vervollständigen.

Irgendwie habe ich das Gefühl, keinen Schritt weiter zu kommen. Was hat das alles mit meinem Leben, mit meiner Person und mit diesem Buch zu tun?

Du sollst unser Gespräch hier aufzeichnen und unter die Menschheit bringen. Der Mensch soll meine göttliche Botschaft hören, auch wenn sie für ihn teuflisch klingen mag.

Und welche Botschaft ist das?

ES FÜHRT KEIN WEG AN MIR VORBEI!

Was?

Der Mensch soll aufhören, sich gegen mich zu wehren. Er *braucht* mich – genau so sehr, wie er Gott braucht. Jede einzelne Seele soll sich selbst erfahren – und jede einzelne Seele muss somit *alles* erfahren, was eine Seele erfahren kann. Ich bin der Lehrer der Unterstufe: erst, wenn ihr die Grundlektionen von Hass, Wut, Neid, Gier, Eifersucht, Gefühlskälte und Egoismus gelernt habt, erst dann seid ihr bereit für die höheren Lehren der Großherzigkeit, des Altruismus, der Großzügigkeit, der Warmherzigkeit und der Liebe.

Moment, Moment! Soll das heißen, dass wir all diese niederen Triebe, diese unmenschlichen Gefühle einfach ausleben sollen? Das klingt wahrhaftig teuflisch!

Es sind keinesfalls unmenschliche Gefühle. Es sind Gefühle, die in der Welt der Dualität absolut unvermeidlich sind. Aber ganz so drastisch ist es nicht. Ihr sollt einfach lernen, auf euer *Gefühl* zu hören. Des Menschen Taten werden seit methusalemschen Zeiten dramatisch überbewertet. Merkt euch: es ist nie die *Tat*, sondern die *Absicht* dahinter, die entscheidend ist.

Kannst du mir ein Beispiel nennen?

Nimm zum Beispiel den Trieb zu Mord und Totschlag. Gott wollte, dass sich jedes »Gott-Fragment« auf jede mögliche Art und Weise selbst erlebt, in jeder Situation und Emotion. In den unzähligen »Leben« dieser Gott-Fragmente – seien diese auf der Erde oder in anderen Dimensionen – steht somit auch der Mord, der Totschlag, samt der dahinter sitzenden Emotion auf der Traktandenliste. Stell dir nun vor, ein lammfrommer Buchhalter, der bisher keiner Fliege etwas angetan hat, hätte in seinen unzähligen Vorleben aus irgendeinem unerklärlichen Grund noch nie gemordet, respektive noch nie die Absicht dazu empfunden. Nun arbeitet dieser unbescholtene brave Mann plötzlich und »rein zufällig« unter einem fiesen, herzlosen und tyrannischen Chef, der ihn aufs Blut schikaniert. Der Buchhalter beginnt, seinen Chef zu hassen. Er hasst ihn so lange, so intensiv, dass er ihn am liebsten umbringen würde. Er tut es aber nicht, weil er ein »guter Christ« ist, zudem, weil er nicht ins Gefängnis will und des Weiteren nicht auf sein regelmäßiges Einkommen und seine finanzielle Sicherheit verzichten möchte. Aber er hasst, mit Inbrunst und Passion, denn sein Ego überzeugt ihn Tag für Tag, dass er, der Buchhalter, ja vollkommen unschuldig daran ist, unter einem solchen Despoten arbeiten zu müssen. Vom Prinzip von Ursache und Wirkung hat er zwar in der Schule etwas gelernt, aber dieses Prinzip gilt ja wohl nur für die Physik und nicht für Lebenssituationen, und vom Karma-Gesetz will er schon gar nichts hören, weil sein Ego ihm einflüstert, dass dies eh nur esoterischer Blödsinn ist. Und so zerfrisst ihn der Hass mit jedem Tag mehr, der Hass strömt von ihm aus wie eine grüne Giftwolke, die ihn und seine Umwelt verpestet. Diese Energie ist so teuflisch, so anti-göttlich, dass sie irgendwann wie ein Bumerang auf ihn zurückkommt – ganz egal, ob er seinen Chef nun physisch umbringt oder nicht!

Vielleicht wird dieser Buchhalter durch seine Aggressions-Hemmung nicht gewaltsam sterben müssen – ob in diesem oder einem anderen Leben – jedoch wird er die vernichtende Energie des gebündelten, konstanten Hasses erleben müssen. Vielleicht wird er erfahren müssen, wie es ist, von anderen gehasst zu werden, vielleicht bekommt er Krebs, vielleicht läuft er Amok und richtet sich zuletzt selbst. Spätestens nach seinem physischen Tod wird er Nachhilfeunterricht erhalten und aufgeklärt werden, in welchen Fächern er gegen das Gesetz der Liebe gehandelt hat, in welchen Punkten er nicht begriffen hat, dass *er alleine* für sein Geschick – in diesem Falle für sein Leiden unter einem bösartigen Chef – verantwortlich ist. Und es wird ihm wie Schuppen von den Augen fallen: seine *Absicht*, nicht seine Tat, besiegelte sein Schicksal. Es gibt einen Weg, die niederen Emotionen, wie ich sie erwähnte, in die Wüste zu schicken: Lernt, auf die innere Stimme zu hören! Sie ist leider, leider unsagbar leiser und subtiler als die Stimme eures Egos. Nichtsdestotrotz könnt ihr lernen, auf sie zu hören. Ich helfe euch, sie zu hören: Indem ich die Stimme des Egos immer lauter und lauter werden lasse, bis – durch die Krise – die heilige Transformation stattfindet, und ihr, ertaubt durch das Kampfgeschrei des Egos, plötzlich der göttlichen Stimme der inneren Weisheit zu lauschen lernt.

Aber zuvor ruft uns die paranoid-größenwahnsinnige Stimme des Egos auf zu plündern, zu morden und zu schänden?

Nicht immer. Aber oft. Das Spektrum der niederen Emotionen ist erstaunlich groß, der Lernkatalog der unteren Stufe bemerkenswert umfangreich. Wie das lateinische Sprichwort so trefflich sagt: *per aspera ad astra!* Durch die Bitternisse zu den Sternen!

Das steht aber so weder in der Bibel noch in »Gespräche mit Gott«! Ich meine, dass der Mensch durch deine Mühle muss, bevor er Gott finden kann. Man nennt dich den Verleumder und den großen Lügner – woher soll ich also wissen, dass du mich nicht belügst und dazu noch erwartest, dass ich deine Lügen unter die Menschheit bringe, indem ich dieses Gespräch als Buch aufzeichne???

Nun, wenn ich ehrlich bin, so ist es tatsächlich nicht zwingend, den Weg durch mein Königreich der Sünden und der Leiden zu gehen. Es steht dem Menschen stets offen, durch eine simple Entscheidung einen anderen Weg zu wählen. Dieser Weg, der Königsweg der Erkenntnis, der Offenbarung, bleibt den meisten Menschen jedoch durch die Ego-Barriere lange versperrt. Die durchschnittliche Seele schafft es üblicherweise nicht, durch reinen Willen die Bürde der Dualität einfach abzuwerfen. Möglich ist es – aber bis dahin, im jetzigen Zeitalter, eine unbeschreibliche Rarität. So wie Mozart bereits mit drei Jahren Klavier spielen konnte wie ein Meister, so ist es gewissen Menschen möglich, ihre eigenen Grenzen zu sprengen. Aber die wenigsten Seelen sind sich dessen bewusst, und so bleibt ihnen nur der Weg durch die Hölle der Erkenntnis, durch die Hölle, die ich dem Menschen schenke. Nur dass diese »Hölle« mitnichten so negativ zu bewerten ist, wie der Mensch es gewohnt ist. So wie eine Mutter mit einer Ohrfeige in gewissen Situationen einen positiven Beitrag zur Erziehung ihres Kindes leisten kann, so ist mein Universum ein Pandämonium der Lebenshilfe. Jeder Entwicklungsprozess geht durch den Schmerz der Erkenntnis, sei dies körperlich oder seelisch. Am Widerstand erst wächst der Mensch. Einmal mehr bewahrheitet sich die alte Weisheit, dass der Weg das Ziel ist. Ihr könnt nur reifen, indem ihr euch selbst und *alle* menschenmöglichen Erfahrungen erl*ebt*. Ihr Menschen seid nicht auf dieser Welt, habt nicht eine Seele, ein Hirn und einen Körper erhalten, um euch nur auszudenken, was ihr erleben könntet: Ihr sollt und müsst alles erleben, um euch selbst zu erfahren! Erst dann könnt ihr verstehen, was es bedeutet, dass eigentlich alles eins, alles Gott ist. Man kann einem Kind die Bedeutung von Hitze nicht erklären, es muss sie selbst erfahren. Nur dass manche Kinder bereits beim Kontakt mit Wärme auch die Hitze verstehen, während andere sich in der Tat die Hände verbrennen müssen. Deshalb nochmals: ES FÜHRT KEIN WEG AN MIR VORBEI! Ich komme auf deine Frage zurück, ob ihr denn tatsächlich plündern, morden und schänden sollt. Vergiss nicht, was ich weiter oben sagte: es ist das *Motiv* das zählt, nicht die Tat. Wenn ihr euch im »Jenseits« aus einem karmischen Grund, der euch in den meisten Fällen nicht bewusst ist, vorgenommen habt, dies oder jenes in dieser spezifischen Inkarnation zu erleben, diese oder jene Emotion erfahren zu müssen, dann führt kein Weg daran vorbei. Ihr könnt Kraft eures freien Willens die spezifische Erfahrung unterdrücken, verschieben, aber früher oder später müsst ihr durch sie durch – auch wenn ihr dazu zuerst sterben und erneut inkarnieren müsst. Genau so wenig wie ihr um den physischen Tod herum kommt, so wenig kommt ihr um diejenigen Erfahrungen herum, die ihr euch selbst »auf die Liste gesetzt« habt.

Wir arbeiten also eine selbst gesetzte Liste ab und bestimmen dabei unser weiteres Lebensschicksal jedes Mal selber?

Genau. Der einzige Unterschied ist, dass wenn ihr euch fürs Aufschieben der Erfahrung entscheidet, ihr dabei nicht glücklich werden könnt: dafür sorge *ich*. Wie bereits erwähnt, versorge ich euch mit all denjenigen Emotionen, die euch dazu treiben, vorwärts zu gehen, und euch eurer Aufgabe zu stellen. Vergiss aber nie: es geht um die Erkenntnis auf seelischer Ebene! Wenn also ein Mensch im Rahmen einer seelisch erfahrbaren Therapie – zum Beispiel durch die Rückführungstherapie – die Wurzeln seiner karmischen Verschuldungen aufdeckt, versteht und fühlt, so kann er sich von weiterem Leid in diesem spezifischen Thema erlösen. Verständnis, Verzeihen und Liebe auf der höchsten, der seelischen Ebene, vermögen es, alles Leid aufzulösen. Doch es gibt für die meisten von euch unverschämt viel an karmischer Schuld aufzulösen, da so gut wie jede Seele – angetrieben durch die egomanische und lieblose Stimme eures Egos – in diversen Inkarnationen gemordet, vergewaltigt, gefoltert, betrogen, gelogen und verletzt hat. Und dies zieht in der Regel viele Re-Inkarnationen nach sich, unzählige Geburten und Tode, damit ihr Zeit genug habt, zu lernen, zu verstehen, und seelisch zu reifen.

Du sagst, wir können um den physischen Tod nicht herum kommen. Dann stimmen zumindest diese Geschichten über dich nicht, in denen du gewissen Menschen im Tausch für ihre Seele ewiges Leben gabst?

Eigentlich ist mir völlig unbegreiflich, wie sehr euch Erdenbewohner die Frage rund um Leben und Tod beschäftigt. Gemäß meiner persönlichen Statistik sind seit dem Jahr 4000 vor Christus bis heute über 65 Milliarden Menschen gestorben, und ihr habt immer noch Angst vor dem Tod?

Doch zurück zu deiner Frage: gibt es den mythenumrankten Pakt mit dem Teufel? Habe ich einigen auserwählten Menschen ewiges Leben geschenkt? Die Antwort lautet: Ja und nein. Den Pakt um das ewige Leben gab es tatsächlich, aber anders, als eure Mythen ihn überliefern.

Gewisse Menschen hatten einen so dringenden, fast übermenschlich starken Wunsch nach dem ewigen Leben, dass diese Energie genügte, mich für einen solchen Pakt herbeizurufen. Ich schenkte diesen Menschen ewiges Leben im »Tausch für ihre Seele«. Und genau das ist der Teil, der missverstanden wurde: Ich wollte diese Seelen nie für mich! Was sollte ich auch damit? Niemand, auch nicht der Teufel selbst, kann mit einer Seele etwas anfangen! Aber nun kommt das große Geheimnis: solange ein Mensch gegen den göttlichen Plan handelt, solange kann er nicht zum Großen Ganzen gehören. Seine Seele bleibt ausgeschlossen, bleibt ein Außenseiter, abseits der All-Einigkeit, und *das* ist für eine Seele in der Tat die Hölle. Deshalb ist es eine paradoxe Metapher, dass ich des Menschen Seele »erkaufte« – eigentlich war es ja stets im Gegenteil der Mensch, der seine Seele gegen eine sinnlose Illusion eintauschen wollte! Solange ein Mensch das ewige Leben im physischen Sinne erzwingen will, solange widersetzt er sich dem göttlichen Plan in höchstem Maße. Ich half zahllosen Menschen dabei, diese Erfahrung machen zu dürfen. Ihre Seelen erfuhren die Hölle, die es bedeutet, ausgegrenzt zu sein, ein Unsterblicher inmitten Normalsterblicher zu sein. Sie erfuhren den Fluch der ewigen Dualität, wo kein wahrer Frieden zu finden ist.

Und diese Menschen leben noch alle? Als Unsterbliche?

Nein. Sie alle haben die Gnade des physischen Todes letztlich erfahren. Sie alle kamen früher oder später winselnd und um Gnade flehend zu mir, baten mich auf den Knien, den Pakt aufzulösen, bettelten mich an, endlich sterben zu dürfen. Ich erfüllte ihnen ihren Wunsch, sobald sie ihre Lektion tief in der Seele begriffen hatten. Die meisten dieser »Unsterblichen« hielten es knapp zwei- bis dreihundert Jahre auf Erden aus. Der Hartnäckigste, der mit der größten Angst vor dem Tod, harrte geballte siebenhundertundfünfzig Jahre unter den Lebenden aus, bis auch er mich beschwor, den Pakt aufzulösen und ihn sterben zu lassen.

5

Gibt es dich denn tatsächlich auch als diejenige Figur, die wir bereits als Kinder in Geschichten und Legenden kennen lernten? Du bist der Gehörnte, der Teufel mit Huf und Schwanz, der elegante Mephisto, das gelbäugige Monster in der Hölle? Ist das alles real?

Ich bin stets genau so real, wie eure Vorstellung von mir plastisch und lebendig ist. Wenn ihr mich als hakennasigen Teufel mit diabolischem Grinsen sehen wollt, dann ist dies die Realität. Wenn ihr mich als immaterielles Symbol des Bösen sehen wollt, dann ist dies die Realität. Wenn ihr mich als Spiegel eurer eigenen düsteren, irdisch-materiellen Neigungen sehen wollt, dann ist dies die Realität. *Ihr* seid die Schöpfer; *euer* Glaube und *eure* Visualisationen lassen das entstehen, was ihr die Realität nennt.

Aber du und dein Reich machen dem Menschen Angst! Wie kann sich denn ein Mensch dazu »entscheiden«, den richtigen Weg sofort zu gehen, respektive wie gelangt er zur Erleuchtung, zur All-Einigkeit, ohne den peinvollen Umweg über dich gehen zu müssen?

Eigentlich wäre der Prozess ganz einfach. Sobald die Seele sich entscheidet, zu erkennen, zu wissen, und *ganz* zu werden, in diesem Augenblick ist die Erleuchtung da und die Seele ist in der All-Einigkeit. In diesem Moment entkommt die Seele der Falle der Dualität und ist wieder in der Großen Einheit integriert, sie ist »heil«, und somit ganz.

Warum tun die Menschen dies dann nicht einfach? Warum erfährt nicht jeder Mensch innerhalb seines Lebens diesen Quantensprung?

Darin liegt das Problem: es ist alles ein Mangel an Glaube. Es gibt da eine einfache Formel: Je mehr Ego, desto weniger Glaube. Wenn der Glaube hundert Prozent ist, wenn es kein Atom an Zweifel mehr gibt – dann ist die Seele frei, erhaben über das Materielle, erhaben über die Dualität. Solange aber nur ein Quäntchen an Unsicherheit, an Zweifel, an Angst im Menschen schlummert, so lange geht der langsame, mühselige Reifungsprozess durch das Reich *meiner* Emotionen weiter – so lange, bis das Leid dermaßen unerträgliche Dimensionen annimmt, dass die Seele sich vertrauensvoll Gott oder der All-Einheit anvertraut, respektive seinen Weg einschlägt. Deshalb sage ich euch: *Ich bin der Geist, der euch Vertrauen lehrt!*

Ich sagte weiter oben, dass sich der Mensch selbst im »Jenseits« aufgrund seiner bisherigen Erkenntnisse und Einsichten diese oder jene Erfahrung für ein nächstes Leben »vormerkt«. Karmisch gesehen ist dies absolut korrekt und unverrückbar. Ich gebe dir einen kurzen Einblick in die höchste Stufe des göttlichen Plans, auch wenn diese Stufe euch Menschen noch überfordert: der einzige Ausweg aus dem Kreislauf des Karma ist die Liebe. Und absoluter Glaube bedeutet absolute Liebe. Sobald ihr absolut lieben könnt, seid ihr frei. Ihr seid dann in der Großen Verbundenheit und absolut frei zu tun, was ihr wollt. Jesus benutzte diese seine Freiheit dazu, als »Freiwilliger« auf die Welt zu kommen, um euch zu helfen.

Aber es gibt doch Millionen von Gläubigen, die keine Zweifel an der Existenz Gottes kennen! Warum wandeln auch sie durch das teuflische Reich des Leidens und der Dualität?

Was ich vorhin sagte, meinte ich wörtlich: Wenn es um den Glauben geht, dann gibt es keinen Graubereich: entweder man glaubt, oder eben nicht. Das heißt konkret, dass derjenige, der wahrhaftig glaubt, am Ende seiner Reise und seines Leidens ist. Derjenige aber, der einen starken, jedoch nicht hundertprozentigen Glauben im Herzen trägt, muss genauso wie alle anderen »kleinen Sünder« und Ungläubigen durch das Reich der Dualität und des Leidens wandeln, bis der letzte Zweifel überwunden ist. Zudem darfst du dich nicht täuschen lassen von selbsternannten Gläubigen. Solange jemand von Gott so spricht, als ob dieser »jemand da draußen« oder »jemand da oben« wäre, kann dies kein Gläubiger sein. Der wahre Gläubige erkennt Gott in allem – und in sich selbst. Solange jemand Gott »externalisiert«, ist er noch auf der Suche nach ihm. Der wahre Gläubige empfindet Gott in jedem Gedanken, in jedem Gefühl, in jeder Zelle seines Körpers, hört ihn in jeder Stimme und jedem Lied, sieht ihn in jedem Lebewesen und jedem Bild. Spürt ihr hingegen *meine* Emotionen, Angst, Unsicherheit, Neid, Unzufriedenheit, innere Leere, Sinnlosigkeit, Wut, Aggression, Schmerz, und sei es auch nur zwischendurch, solange seid ihr noch auf der Suche, und ich unterstütze euch dabei, sorge dafür, dass ihr nicht stehen bleibt.

Wenn es nun aber wirklich so ist, dass du uns Menschen eigentlich ja nur helfen willst – ein Gedanke, der mich sehr befremdet, muss ich zugeben – dann sag mir doch, was wir konkret tun sollen, um dem Leiden zu entkommen.

Wie du siehst, halte ich euch stets den Wegweiser vor Augen. Mein Wegweiser zeigt jedoch stets die Gegenseite eures vorbestimmten Weges. Hier liegt ein weiterer Beweis meiner

Göttlichkeit: ich lasse mich auf das zugegebenermaßen ziemlich tiefe Niveau der Polarität hinunter, um euch jederzeit die Chance zu geben, zu erkennen, was ihr *nicht* wollt. Ich wiederhole: wie solltet ihr das Licht sehen, ohne die Dunkelheit zu kennen? Die meisten Menschen wissen erst dann, was sie wollen, wenn sie erkennen, was sie nicht wollen. Für den Weg aus dem Leid hinaus gibt es kein Patentrezept. Das ganze hat in erster Linie mit Ehrlichkeit sich selbst gegenüber zu tun. Wenn ihr in euch den dringenden Wunsch verspürt, eine Bank zu überfallen, den Nachbarn mit einer Keule zu erschlagen, oder eurem besten Freund die Ehefrau auszuspannen … dann müsst ihr zwar nicht zwangsläufig diesem Trieb Folge leisten; aber ihr müsst euch dieser Emotion bewusst werden, sie ehrlich als die eigene anerkennen und akzeptieren – und mit der Konsequenz leben, dass alles, jede Energie und jede Emotion, auf einen zurückkommt. Denn das tut sie immer – ob in diesem Leben oder in einem späteren. Das Gesetz von Ursache und Wirkung ist universell, ewig und unumgänglich. Deshalb tätet ihr gut daran, euch in Liebe zu üben. Ja, Liebe und Vertrauen kann man erlernen! Es ist nur euer Ego, das euch zu überzeugen trachtet, dass solche Übungen sinnlos sind, euch kein Geld, kein Prestige, keine Macht bringen und euch als seltsame Eso-Käuze aus der Gesellschaft ausgrenzen. Aber Liebe und Vertrauen kann man üben, erlernen – und schließlich die Meisterschaft erringen.

Eine essentielle Übung und Grundbedingung für diese Meisterschaft ist es, die Angst loszulassen. Die Angst ist das ultimative Machtmittel eures eigenen Egos. Ihr sollt die Angst nicht bekämpfen, sondern sie loslassen! Allem, was ihr bekämpft, gebt ihr Energie und bindet es an euch. Darum hat auch das Loslassen der Angst mit Vertrauen zu tun.

Aber wie soll man vertrauen, wenn einem die Angst im Nacken sitzt? Wenn man das Gefühl hat, dass die Angst einen doch gerade vor Schaden bewahren will?

Lass mich dir dazu eine Anekdote erzählen. Ja, du siehst, ich erzähle gerne! Und warum? Weil *du* gerne sprichst, gerne erzählst! Und als dein Spiegel gebe ich die gleichen Charaktereigenschaften zurück! Doch zurück zu meiner Anekdote. Du wirst lachen, es handelt sich um eine Begegnung mit Gott!

Erzähl nur. Langsam überrascht mich bei dir gar nichts mehr …

Also, hör zu: Ein Bergsteiger kletterte einst auf den Mount Everest. Alleine. Er kletterte und kletterte und übersah dabei die drohenden Zeichen am Himmel: ein Sturm braute sich zusammen! Als der Sturm den Bergsteiger fast erreicht hatte, erblickte dieser weiter oben eine kleine Höhle, in der er Schutz suchen wollte. Doch der Weg zu dieser Grotte war senkrecht und eisglatt. Er versuchte es trotzdem, wissend, dass es um sein Leben ging. Doch als er an dieser senkrechten Wand hochkletterte, fiel der Sturm über ihn her wie ein Ungetüm, er wurde hin- und her gerüttelt, bis seine klammen Hände sich nicht mehr festhalten konnten, und er stürzte ins Leere. Es war bereits dunkel geworden, und er stürzte in die bodenlose Schwärze der Verderbnis. Doch plötzlich spürte er einen Ruck: der Haken seines Seiles hatte sich irgendwo verfangen, und er hing in der totalen Finsternis, tausende von Metern hoch, an seinem Seil. Der eisige Wind ließ ihn hin- und her schaukeln, und er wusste, dass er die Kälte nicht lange überleben würde, und er schrie:

»Gott! Hilf mir!«

Da hörte er eine sanfte Stimme sagen: »Ja, mein Sohn?«

Völlig verdattert, Gottes Stimme zu hören, fragte der Bergsteiger: »Kannst du mir helfen?«

Und Gott sprach: »Natürlich. Willst du denn, dass ich dir helfe? Hast du Vertrauen in mich?«

Der Bergsteiger sprach: »Sicher! Ich vertraue dir! Bitte hilf mir!«

Gott sagte: »Dann schneid dein Seil durch.« Der Bergsteiger blickte in die absolute Dunkelheit unter ihm und schrie: »Das kann ich nicht! Dann muss ich sterben!«

Doch Gott antwortete nicht mehr.

Am nächsten Tag fand man den Bergsteiger tot. Er hing erfroren an seinem Seil – genau einen Meter über dem Boden.

Das ist eine eindrückliche Geschichte. Ich verstehe, auf was du hinaus willst. Wenn es ums Vertrauen in das Höchste geht, muss man von jedem Sicherheitsdenken loslassen können. Sonst ist es kein Vertrauen.

Du hast es erfasst. Es geht somit auch darum, dass ihr das Vertrauen entwickelt, von etwas Altem – zum Beispiel einer alten Idee, einer alten Vorstellung – loslasst, um Platz zu schaffen für etwas Neues, für eine Veränderung. Das Geheimnis dabei ist, dass man die Konsequenz jeder Änderung, jeder Entwicklung akzeptieren kann, dass man mit ihr leben kann. Es geht also auch hier um das Vertrauen, dass *jede* Änderung genau richtig ist und den Betroffenen in seiner Entwicklung weiterbringt. Die Konsequenz einer jeden Änderung – sei dies ein seelischer Prozess oder eine körperliche Tat – ist eine Entwicklung. Irgendetwas entwickelt sich immer, und diese Entwicklung ist immer nützlich, entspricht immer dem göttlichen Plan – ungeachtet dessen, ob der Betroffene dabei leidet oder sich wohl fühlt. Die Entwicklung bringt auch immer eine Erkenntnis mit sich, und diese Erkenntnis hilft euch, den »richtigen« Weg zu erkennen.

Kannst du das noch etwas konkreter formulieren oder ein Beispiel bringen?

Klar. Nehmen wir zum Beispiel eine junge Frau. Nennen wir sie Eva. Nun, Eva hat eine geregelte Arbeit, einen Freund und führt nach außen hin ein völlig normales Leben. Sie liebt ihre Arbeit nicht besonders, kann aber damit leben, in der Beziehung gibt es Probleme, aber sie hat Angst, diese Probleme zu intensiv zu konfrontieren, da dies ja schlimmstenfalls zum Ende der Beziehung führen könnte. Eva lebt in einer ständigen nagenden Unzufriedenheit und hat Angst vor allem, was eine Veränderung bringen könnte. Ihr Arzt rät ihr, eine weite Reise alleine zu unternehmen, denn er weiß, dass diese Reise – sprich: eine Änderung der täglichen Routine – einiges in Bewegung setzen könnte. Eva hingegen kann sich das nicht vorstellen, weil sie Angst hat, dass der Freund sie in der Zwischenzeit verlassen könnte. Und nun blockiert diese Angst die junge Frau so lange, hindert jede Entwicklung bis zu dem Punkt, wo ihr Leiden dermaßen unerträglich wird, dass etwas »passiert«. Es passiert nie »von außen«, wie ihr Menschen oft annehmt. Es gibt kein Schicksal. Jeder Mensch baut sich sein eigenes Schicksal, wobei die Wurzeln oft ins Jenseits und in vergangene Leben zurückreichen und sich deshalb dem menschlichen Bewusstsein entziehen. Aber das Leiden der jungen Frau zieht unweigerlich etwas an – gemäß dem Gesetz der Resonanz – das in ihrem Leben die lange überfällige Veränderung erzwingt.

Und dieses »etwas« … bist du?

Du hast es erfasst! Ich bin stolz auf dich.

Mach dich nicht lustig über mich!

Das meinte ich ernst. Dies ist eine der Erkenntnisse, welche die Menschheit erfahren muss. Du siehst, wir arbeiten mit diesem Buch daran, das Leiden der Menschen auf ein Minimum zu begrenzen! Ich versuche, indem ich die dunklen Seiten der menschlichen Existenz beleuchte, die Weisheit Gottes etwas verständlicher zu machen. Erkennt mich, und ihr erkennt Gott – und euch selbst!

Das klingt blasphemisch und überwältigend zugleich. Erzähl weiter.

Eines hast du bestimmt schon selbst bemerkt: das Leiden, das ich dem Menschen als Signal bringe, äußert sich so gut wie immer als Schmerz oder Angst. Oft sogar als beides. Diese Signale sind die Elementarteilchen meiner Botschaften in der polaren Welt, wie das Einmaleins und das Alphabet in eurer Grundschule. Der Mensch muss lernen, von der Angst loszulassen, und gleichzeitig muss er ihr auf den Grund gehen, ihre Botschaft verstehen, denn sonst lähmt sie ihn. Die Lähmung verhindert das Fort-Schreiten, verhindert jede Entwicklung. Am Ende der Angstspirale steht meistens die ultimative Angst, die »Mutter aller Ängste«: die Angst vor dem Tod, die Angst vor dem Abschied von allem Vertrauten. Der Mensch fürchtet sich vor der großen Hingabe an das Jenseits. Wie wir bereits vorhin besprachen, trachtet er danach, sein physisches Ende zu verhindern, oder zumindest hinauszuzögern. Warum? Auch da ist das Hindernis der große Vertrauensmangel des Menschen. Er vertraut nicht in das große, göttliche Gleichgewicht. Alles ist ein Kommen und Gehen. Der Mensch verschwendet viel Zeit damit, dieses Gesetz umgehen zu wollen. Wenn er lernen würde, sich diesem Gesetz aus freiem Willen zu beugen, könnte er sich sehr viel Schmerz und Angst ersparen. Die Angst ist eine der Kardinalhilfen, die ich euch täglich anbiete. Es ist oft zum Davonlaufen, mit ansehen zu müssen, wie sehr ihr diese meine Hilfe ablehnt und für schlecht erklärt. Die Angst ist stets der Gegenpol der Liebe – denn die Liebe ist das Gefühl der Verbundenheit mit der All-Einigkeit. Sobald ihr nicht in der Liebe, in der Verbundenheit seid, seid ihr in der Angst. Sinnigerweise müsste jede Angstempfindung in euch Menschen *Freude* auslösen – denn die Angst bringt die sofortige Erkenntnis: »Ich bin auf dem falschen Pfad, eine Neuorientierung ist angebracht.« Doch statt diese Erkenntnis in Dankbarkeit anzunehmen und zu nutzen, fangt ihr an zu klagen! Ihr verbohrt euch in das Leid, das euch meine Angst-Nachricht bringt, und ihr versucht, die Angst loszuwerden, anstatt sie zu verstehen und als Wegweiser zu nutzen! Ihr rennt zum Arzt, lasst euch Beruhigungsmittel verschreiben, fordert von eurem Arbeitsumfeld Entlastung, erwartet von euren Mitmenschen Verständnis und Hilfe, und sobald die Angst sich damit nicht vertreiben lässt, liebäugelt ihr mit einem Antrag auf Rente! Dieses Verhalten ist abstoßend und äußerst undankbar zugleich. Und deshalb sage ich euch: Hört auf, vor der Angst davonzulaufen, denn sie läuft schneller als ihr! Dreht euch um, und schaut der Angst ins Gesicht, und versucht, ihre Botschaft zu verstehen – denn es ist meine Botschaft, und sie weist euch den Weg zum göttlichen Pfad!

Das alles klingt ja schön und recht, aber noch zu theoretisch. Was genau muss der Mensch denn tun, damit er, diesem Gesetz folgend, irgendwie »weiterkommt«?

Ganz einfach: er muss lernen, auf die innere Stimme zu hören. Die innere Stimme sagt jedem Menschen immer nur eines: seine eigene, individuelle Wahrheit. Der Mensch muss lernen, dieser inneren Stimme zuzuhören und ihr zu folgen. Ohne wenn und aber!

Warum hören wir diese Stimme denn nicht, oder nur die wenigsten unter uns?

Jeder Mensch hört diese Stimme, wenn er nur will. Aber die meisten unter euch wollen das um keinen Preis der Welt. Und warum? Weil diese Stimme euch immer zu einer Veränderung, einem Richtungswechsel, einer Entwicklung einlädt. Euer Ego will aber keinesfalls etwas von Veränderung in Richtung Bewusstwerdung hören, weil ihr schlimmstenfalls aus der Angstfalle entkommen könntet und eurem Ego nicht mehr hörig wäret. Somit lenkt ihr euch ab mit Fernsehen, lauter Musik, Alkohol, Drogen, Sex, Karriere, Machtspielen. Genauso abstumpfend ist die von Kindheit an wirkende Hirnwäsche der menschlichen Konventionen: »du sollst« und »du sollst nicht«. Mit dieser hochtoxischen Mentalität bringt ihr eure Kinder um, bevor sie richtig zu leben beginnen. In diesem neuen Jahrtausend, im zunehmend an Kraft gewinnenden Wassermann-Zeitalter, kommen nun immer mehr sinnorientierte, selbständig denkende, dadurch aber auch rebellische Seelen zur Welt. Die Kinder dieser neuen Generation lassen sich nicht mehr einfach »dressieren« wie Zirkusponys. Diese Kinder werden es nicht mehr akzeptieren, einfach etwas zu tun, weil »es schon immer so getan wurde«, oder »weil es so sein muss«. Sie werden hinterfragen, was der Sinn hinter eurem Denken und Handeln ist – und sie werden euch auf peinigende Art aufzeigen, wie *wenig* Sinn bis jetzt dahinter steckte! Die Kinder der neuen Generation werden mit ansteckendem Beispiel vorangehen und euch in der Sackgasse steckenden, »zivilisierten« Menschen zeigen, was es bedeutet, zu leben, dem eigenen Pfad zu folgen und sich von der inneren Stimme leiten zu lassen. Hütet euch, diese eure Kinder mit Ritalin vollzupumpen oder sonstwie lahmzulegen, weil sie nicht in das heutige Gesellschafts- und Schulsystem passen. Ihr werdet erkennen, dass eure Schulsysteme von Grund auf neu konzipiert werden müssen. Dafür werdet ihr auch Opfer zu bringen haben. Unter anderem werdet ihr in Zukunft auf den technischen Fortschritt verzichten müssen, denn er steht eurer seelischen Entwicklung im Weg. Die Wassermann-Generation wird euch schon bald zeigen, was der Weise Lao-Tse schon vor langer Zeit verkündete: Auf einer praktischen Ebene wäre es für den Menschen günstig, zurückzukehren zu einem einfachen, bäuerlichen Leben. Eure moderne Zivilisation und der westliche Lebensstil sind eine unheilbringende Farce, wie ich sie nicht besser hätte heraufbeschwören können. Zum Teufel, ich habe sie natürlich heraufbeschworen! Ihr lebt ein Leben der Weltflucht, der Ablenkung, dem Weglaufen vor Angst und Schmerz. Doch wozu? Habt ihr einmal analysiert, wie viele Stunden ihr täglich im Schweiße eures Angesichtes schuftet, um abends ein, zwei Stunden »abschalten« zu dürfen? Wie viel Stress und Überbelastung ihr euch zumutet, um am Wochenende erschöpft in einem Wellness-Hotel zusammenzubrechen? Wie viel Geld ihr für Alkohol oder Zigaretten ausgebt, um eure »Nerven zu beruhigen«? Wie ich bereits erwähnte, ist die Menschheit ein Volk von Schafen, die einem Leithammel nachblöken – und warum? Weil es bequem ist. Weil es einem Sicherheit vorgaukelt, wenn jemand so tut, als wisse er, was richtig ist. Dabei gibt es für keinen Menschen ein »richtig« oder »falsch«: Jeder muss – durch die Gabe der inneren Stimme! – seinen eigenen Weg finden.

Besonders ohrenbetäubend ist die Stimme eures Egos. Solange der Mensch glaubt, dass er etwas Einzigartiges, etwas Spezielles ist, dass er wertvoller ist als seine Mitmenschen, wird er die Wahrheit der inneren Stimme weder hören wollen noch können. Dann komme ich wieder zum Zuge und helfe ihm, indem ich ihn spüren lasse, wie sehr er im Abseits steht, wie weit vom göttlichen Weg er abgekommen ist.

Das klingt für mich immer noch sehr theoretisch. Kannst du mir ein tatsächliches, verständliches und vor allem lebensnahes Beispiel geben?

Schau dir dein Leben an!

Mein Leben?

Ja. Denn es ist ein Standard-Leben, es repräsentiert eine Kategorie Mensch, von denen es inzwischen wie Sand am Meer gibt. Du lebst dein Leben voll im Ego. Du definierst dich nur über das, was du erreichst. Du peilst ein Ziel an, wissend, dass du es erreichen wirst – und sobald du es erreicht hast, brauchst du ein neues Ziel. Und obwohl du von Erfolg zu Erfolg eilst, wächst und gedeiht in dir eine innere Rast- und Ruhelosigkeit, ein ungewisses Gefühl der Leere, eine nervtötende Unzufriedenheit. Du überdeckst diese Unzufriedenheit mit all dem, was ein menschliches Leben »beneidenswert« macht: mit Erfolg im Beruf, einer schönen Frau, zuckersüßen Kindern, einem schnittigen Auto, Dinner im Gourmetrestaurant, noblen Kleidern, edlem Wein, teurem Tabak, exklusiven Ferien … und dennoch wird der innere stumme Schrei der fehlenden Erfüllung immer lauter.

Ja, das ist genau das Problem! Immer, wenn ich mich einmal nicht ablenke oder »belohne«, kommt die große, zermürbende innere Leere, und die fühlt sich schrecklich an! Plötzlich rasen einem Gedanken durch den Kopf: Wer bin ich? Was soll ich hier auf Erden? Hat mein Leben überhaupt irgendeinen Sinn? Kommen wir aus dem Nichts und gehen ins Nichts zurück? Asche zu Asche, Staub zu Staub, und das war's dann schon? Solchermaßen stürmen die Gedanken auf mich ein. Aus diesem unheilvollen Denken ist aber noch nie etwas Konstruktives entstanden.

Weil du zu schnell aufgibst. Du weichst dem Schmerz, aber auch dem tiefen Wissen der Stille aus. Du fliehst vor der großen Leere, die zurück bleibt, wenn du dein tägliches Chaos einmal kurz ausblendest. Und sobald du realisierst, dass die innere Stimme zu dir spricht, rennst du wie ein kleines Kind davon, zurück in den Wahnsinn des Alltags, zurück in die heimtückische, heuchlerische Welt der Ablenkung.

Aber ich höre keine innere Stimme!

Doch. Was du vorhin als Gedanken bezeichnet hast, war das nervtötende, beängstigende Gequake des Egos. Hör besser hin. Dahinter hörst du die Stimme der Weisheit. Diese innere Stimme hört man meistens nicht, man fühlt sie. Sie liegt unterhalb der Angst erregenden Stimme des Egos, unterhalb des Gefühls von Einsamkeit, Leere, Sinnlosigkeit, Angst. Sei mutig, höre hin. Je länger du wie ein Feigling vor dieser inneren Stimme davonrennst, desto lauter wird die Stimme des

Egos. Die wahre Stimme der inneren Weisheit ist viel subtiler, aber unendlich viel machtvoller als dein Ego, denn sie verkündet die Wahrheit und nicht eine Illusion.

Du bist teuflisch direkt.

Normalerweise geschieht das, was ich bereits erwähnt habe: der Leidensdruck wächst und wächst, bis etwas geschehen *muss.* In deinem Fall geschieht etwas für dich ziemlich Unerwartetes: du wirst in ein Gespräch mit Satan verwickelt. Dabei weißt du nie ganz genau, ob hier nun tatsächlich der Fürst der Unterwelt zu dir spricht, oder eben deine eigene innere Stimme. Wie es auch sein mag: auch dieses Gespräch folgt dem Gesetz, dass sich etwas verändern muss. Während wir hier reden, laufen in deiner Seele verschiedene innere Prozesse ab. Nicht gerade die fünf Schritte der Elisabeth Kübler-Ross, aber so ähnlich. Und wie in einem Musterprozess sollen diese deine Erkenntnisse auch anderen Menschen dienen, auf dass sie meinen Weg des Leides nicht unnötig lange begehen müssen.

6

Und wieder verkaufst du dich als der Menschenfreund schlechthin. Warum passt dieses Bild dermaßen wenig zu dem, welches ich vom Teufel habe?

Weil du dich von Ammenmärchen blenden lässt. Dazu muss ich etwas ausholen. Während tausenden von Jahren lebte der Mensch in der Vorstellung, dass es gute und böse Taten gibt. Erst in den letzten Jahrhunderten keimte in den Köpfen einiger weniger halbwegs erleuchteter Geister die Idee auf, dass es weniger um die Tat, als vielmehr um die *Absicht* hinter der Tat geht. Das ganze Prinzip der seelischen Entwicklung durch diverseste Inkarnationen beruht auf diesem Faktum. Das heißt konkret, dass wenn du zum Beispiel deine Schwiegermutter auf den Tod hasst und sie am liebsten umbringen würdest, es aber nicht tust, du dir dein Karma tausend Mal schwerer belastest, als wenn du sie tatsächlich umbringen würdest, aber dies mit der Absicht, ihr die Schmerzen ihres Krebsleidens zu ersparen. Das Prinzip von Ursache und Wirkung kann man euch Menschen gar nicht oft genug predigen. Es ist wichtig, endlich zu verstehen, dass es um eure Gedanken, um eure Absicht, um eure Gefühle geht und nicht um die physikalisch erfassbare Tat! Wenn ein Baby seiner Mutter im Spiel »zufällig« den Finger ins Auge steckt und ihr Schmerzen verursacht, so hat sich dieses Baby sicherlich keinerlei karmische Schuld aufgeladen. Wenn jedoch ein Fünfjähriger nur deshalb seine kleine Schwester nicht verprügelt, weil er Angst vor Bestrafung hat, dann hat er bereits eine ganz spezielle Energie in die Welt hinausgeschickt, die früher oder später (– nota bene, das ist eine Metapher: es gibt ja keine Zeit –) auf ihn zurückkommt. So weit, so klar?

Klar wie Kloßbrühe.

Gut. Nun hat der Mensch in seiner Seelenblindheit und Beschränktheit nicht nur seit jeher einen »Schuldigen« gesucht, der für alles Üble in seinem Leben verantwortlich ist – er hat diesen »Schuldigen« auch stets anhand dessen Taten beurteilt, nicht jedoch anhand seiner Absichten! Und dieser »Schuldige«, mein Lieber, das war *ich*, seit der Mensch die Schuldprojektion erfunden hat, sprich: seit Anbeginn der Menschheit. Ich war und bin dem Menschen allzeit ein Freund und Lehrer, aber meine Absichten waren stets auf einer Stufe, die dem Menschen viel zu hoch war. Das hat mich aber nie davon abgehalten, dem Menschen nach bestem Wissen zu dienen. Ich bringe euch Menschen weiter, und auch wenn ich nicht darauf angewiesen bin, wäre etwas Dankbarkeit mehr als angezeigt.

Warum bloß bin ich immer noch nicht so recht überzeugt …

Dann komme ich nochmals zurück auf mein Exempel mit der Mutter, die ihrem Kind eine Ohrfeige verpasst. Das Kind sieht nur die Wut der Mutter, empfindet den Schmerz der Ohrfeige und sagt sich: Meine Mutter ist böse. Die Mutter hingegen sah, wie das Kind mit Streichhölzern im Keller spielte, wusste, dass solche Spiele dem Kind das Leben kosten könnten, und sie verpasst dem Kind einen »Denkzettel«: sie sorgt dafür, dass ihr Kind nie wieder leichtfertig mit dem Feuer spielt – und rettet ihm somit unter Umständen das

Leben. Natürlich ist die essentielle Frage auch hier: schlägt die Mutter das Kind, weil sie in ihrer *eigenen* Angst die Beherrschung verliert und diese Angst auf das Kind, also auf den »Täter« projiziert, oder schlägt sie das Kind, weil sie tief in sich weiß, dass nur so ihr Kind versteht, wie gefährlich seine Feuerspiele waren? Hierin liegt des Pudels Kern! Kannst du dieser Metapher folgen?

Natürlich. Und trotzdem nagt und nagt ein Gedanke an mir: warum ist das alles so furchtbar kompliziert? Warum muss der Mensch alles erfahren, alles erleben, all den Schmerz und Verlust empfinden, bevor er in die All-Einheit zurückkehren kann?

Das kannst du wunderbar im Buch »Gespräche mit Gott« nachlesen. Ich bin zwar etwas pikiert, dass der Autor es ziemlich krass vernachlässigt hat, mich und meine eminent wichtige Rolle auf Erden zu beschreiben … aber in jenem Buch findest du die Erklärung auf denkbar einfache Weise beschrieben.

Du meinst den Teil, dass Gott sich selbst erfahren *wollte und dies nur durch die Aufsplitterung und die Selbsterfahrung jedes Einzelteiles vom Ganzen geschehen kann?*

Haargenau. Das war Gottes Wunsch und Plan. Ich bin nur sein untertänigster, wenn auch zuweilen etwas bockbeiniger und widerborstiger Diener. Doch alle sind wir göttlich. Gott genau so wie ich, genau so wie du.

Ich bin göttlich? Möchtest du mich verhohnepiepeln?

Mitnichten. Wir alle sind Teil des göttlichen Ganzen. Dazu gibt es eine wunderschöne hinduistische Geschichte, die den

Menschen von Brahma übermittelt wurde. Es gab eine Zeit, wo alle Menschen Götter waren. Aber sie missbrauchten die Göttlichkeit, so dass sich Brahma, der Meister der Götter, entschloss, ihnen die Macht der Götter zu entziehen und an einem unauffindbaren Ort zu verbergen. Das große Problem war aber, ein Versteck zu finden. Er rief die tieferen Götter zu einer Versammlung zusammen, um das Problem zu lösen, und sie gaben folgenden Vorschlag:

»Beerdigen wir die Göttlichkeit unter der Erde!«

Doch Brahma antwortete: »Nein, dies genügt nicht. Der Mensch wird graben und sie wieder finden.«

Die Götter entgegneten: »In diesem Fall werfen wir sie in die Tiefe des Ozeans.«

Doch Brahma antwortete wieder: »Nein, denn früher oder später wird der Mensch die Tiefen erforschen, sie finden und an die Oberfläche bringen.« Die Götter kamen zu dem Schluss: »Wir wissen nicht, wo wir die Göttlichkeit verbergen können, es scheint so zu sein, als wäre auf Erden und im Meer kein Ort, der nicht eines Tages vom Menschen erreicht werden kann.«

Auf diese Feststellung erwiderte Brahma: »Folgendes werden wir mit der menschlichen Göttlichkeit tun. Wir verbergen sie in der Tiefe des Menschen selbst, denn es ist der einzige Ort, an dem er sie nie suchen wird.«

Seit dieser Zeit rennt der Mensch um die Erde, um die Göttlichkeit zu erforschen, seitdem sucht er, steigt er hoch und runter, taucht und gräbt er nach dem Ding, das er nur in sich selbst finden kann.

Eine schöne Geschichte. Aber dann sollte ich doch eine ebenso große Macht haben wie du – oder sogar Gott!

Die hast du. Du hast bloß noch nicht gelernt, sie zu nutzen. Der Mensch befindet sich auf einem langen Weg der Entwicklung, und das auf allen Ebenen: auf der Ebene des jetzigen Lebens genauso wie auf der Ebene seiner diversen Wiedergeburten. Wir sind alle wie verschieden dicke Spaghetti in einem riesigen Topf; die einen sind noch hart, andere *al dente*, andere wieder butterweich …

Welch schönes Gleichnis. Mit Spaghetti hat mich bisher keiner verglichen.

Aber sag mal, dann haben die Esoteriker ja recht, von wegen »jeder ist ein Gott, jeder ist ein Schöpfer«. Ich dachte immer, der vorwiegende Teil dieser Theorien sei kommerzielle Schönrednerei oder abgehobener Unsinn. Sind wir tatsächlich Teil von Gott?

Ja. Teil von Gott. Teil vom Teufel. Teil von *Allem*.

Und was wir »Gott« nennen, ist das Große Ganze, der Kosmos, das Universum, also wir alle und alles zusammen?

Ja.

Und warum schaffen es die naturwissenschaftlichen Meinungsbildner seit Jahrhunderten, uns den Gottesglauben auszureden? Warum glauben immer mehr Menschen, dass die Kirche, der Islam, das Judentum und alle größeren Religionen zum Elfenbeinturm der Selbstgefälligkeit, zu einer Brutstätte von Machtmissbrauch verkommen sind? Warum bleibt der offenbar »wahre«, der spirituelle Pfad, der »innere Weg«, den meisten von uns versperrt?

Weil der Mensch verlernt hat, auf die innere Stimme – die göttliche Stimme – zu hören. Ich sorge dafür, dass der »Weg nach innen«, den die Spirituellen zum Teil schon aufgespürt haben, nicht zu einer neuen Autobahn des Konsums wird.

Das heißt, du willst es uns keinesfalls einfach machen.

Bingo. Der einfache Weg ist nämlich meistens der falsche. Der Mensch neigt dazu, es sich immer einfach machen zu wollen. Und darin liegen die meisten von euch falsch.

Wie meinst du das?

Euer Naturell neigt dazu, sich den augenscheinlich leichteren Weg auszusuchen. Dieser »einfachere« Weg ist aber leider in den meisten Fällen derjenige, bei welchem »alles beim Alten bleibt«, oder ein spezifisches Thema mit dem Stempel »es ist schon immer so gewesen« versehen wird – und wieder landet der Mensch in der Falle der Stagnation. Das Problem ist, dass ihr eines nicht verstehen wollt: ihr könnt und sollt nicht irgendetwas »theoretisch verstehen«, um es dann abzuhaken. Ihr sollt es *erfahren*, *spüren* und *erleben*, um es zu begreifen! Deshalb unterstütze ich eure – aus eurer Sicht leider oft als negativ empfundenen – Erfahrungen, sorge dafür, dass ihr auch dort »durch müsst«, wo ihr nicht durch wollt. Nur so gehen diese Erfahrungen in die Tiefen eurer Seele. Nur so gehen sie nie wieder verloren.

Kannst du auch dazu ein Beispiel geben?

Natürlich. Nimm den heutigen Jugend- und Schönheitswahn. Eine hübsche junge Frau bemerkt, wie attraktiv sie auf andere wirkt. Das bleibt so, bis sie dreißig, vierzig ist, und plötzlich tauchen die ersten Falten auf, die Brüste hängen, die Lippen werden dünner. Nun hat sie die Wahl, diese naturgegebenen Veränderungen zu akzeptieren, den Prozess des Alterns an sich gutzuheißen, und sich in eine neue Lebensphase zu begeben, wo das Äußere im konventionellen Sinn nicht mehr gar so wichtig ist. Oder sie rennt zum Schönheitschirurgen, lässt sich Gesicht und Busen straffen, die Lippen spritzen, und gibt ein Vermögen für teure Kosmetika und Antifalten-Crèmes aus. Welchen Weg wählen die meisten modernen jungen Frauen?

Wohl den zweiten …

Ganz genau. Dabei wäre der »schwierigere«, jedoch ganz bestimmt weisere Weg in diesem Fall doch ganz deutlich, einen körperlichen Prozess, der längerfristig sowieso unumgänglich ist, a priori auf seelischer Ebene zu akzeptieren! Aber der scheinbar einfachere, jedoch trügerische Weg ist der, bei dem alles so bleibt, wie es immer war. Der Mensch klammert sich an alles Altgewohnte, an alles Liebgewonnene – auch wenn es noch so wertlos, hohl und für den weiteren Weg hinderlich ist. Lernt loszulassen, und ihr werdet weiterkommen! Oder nimm zum Beispiel den alten Mann, der über die ganze Gesellschaft wettert: er verbringt täglich etliche Stunden in der Kneipe, um mit dem Finger auf alle Missstände dieser Welt zu zeigen. Und um seine Stimme zu ölen, lässt er sich mit Bier volllaufen. Wieder erscheint der einfache Weg der zu sein, auf dem dieser Mann wettern und fluchen darf, bis die Welt in sich zusammenbricht, auch wenn er dabei nichts, aber auch gar nichts Positives bewirkt. Dabei wäre der richtige Weg der, zuerst bei sich selber aufzuräumen, eine eigene Nabelschau zu betreiben, das eigene Spiegelbild in der vermeintlich so schändlichen Gesellschaft zu erkennen. Aber davor hat er Angst, denn in der eigenen Seele warten Dämonen, die noch meine eigene Großmutter das Fürchten lehren könnten. Auch diesem alten Querulanten stehe ich bei, indem ich in seiner Seele ein immer bittereres Gefühl der Sinnlosigkeit entstehen lasse – so lange, bis dem zeternden alten Stänkerer nichts anderes mehr übrig bleibt, als auf die Suche nach dem Sinn, seinem Sinn, zu gehen. Ich bin der allgegenwärtige Wegweiser der Menschheit. Auch Gott weist euch allen immer und überall den Weg, aber seine Zeichen sind für ein seelenblindes Gesindel, wie ihr es seid, einfach zu leicht zu übersehen. Falls du meine Meinung hören willst, ist Gott in seiner unendlichen Liebe einfach zu subtil für die Stumpfheit der menschlichen Spezies. Ich habe da meine eigenen pädagogischen Methoden entwickelt, bei denen ein Wegsehen oder Weghören so gut wie unmöglich ist …

Indem du uns übel mitspielst?

Ich bin die Stimme der Sucht, wenn der Raucher, der Trinker oder der Heroinabhängige zum tausendsten Mal gelobt, dem Gift abzuschwören. Ich motiviere den Süchtigen, es doch nur noch ein letztes Mal zu versuchen. Ich bin der Schmerz in den Muskeln und Nerven des Junkies, der in den Fängen des Entzugs steckt und dabei kläglich scheitern muss. Ich bin der juckende Finger am Abzug, wenn sich der Selbstmörder kurz vor dem Abdrücken nicht so richtig entscheiden kann, ob er wirklich sterben will oder ob es nicht doch einfach ein Hilferuf sein sollte. Was auch immer ihr auf Erden tut, ich treibe euch in die Enge, setze euch das Messer an die Gurgel, bis ihr euch endlich entscheidet. Wählt ihr den »leichten« Weg und gebt mir nach, habt ihr verloren – und gewonnen zugleich.

Das ist mir zu kryptisch.

Ihr verliert einen guten Vorsatz, oder das Leben – gewinnt aber eine Erkenntnis. Auf der höchsten Stufe des göttlichen Plans geht es immer um die Reifung der Seele durch Erkenntnis, durch Erfahrung. Jede Erfahrung bringt eine Erkenntnis – und ich bringe jeden Menschen dazu, eine neue Erfahrung zu machen, Schritt für Schritt, Tag für Tag, Jahr für Jahr. Ich gebe ihm genau die Fußtritte, die es braucht, damit er nicht stehenbleibt.

Und Gott lässt dich einfach gewähren? Er lässt dich hier auf Erden walten, wie es dir gefällt? Er lässt dich die Menschen quälen und peinigen?

So ist es.

Etwas möchte ich nun aber doch im Klartext von dir hören: Verstehe ich das richtig, dass du und Gott eigentlich gar keine Todfeinde seid, sondern Verbündete?

Richtig. Wir sind Verbündete, müssen aber auf verschiedenen Seiten agieren, um zusammen komplett zu sein. Ich spreche wieder aus dem menschlichen Blickwinkel, da es ja auf der göttlichen Ebene, wie bereits erwähnt, keine verschiedenen Seiten gibt. Aber aus eurer Sicht sind wir Gegenspieler und Rivalen. Das macht uns aber noch lange nicht zu Feinden.

Seid ihr denn Freunde?

Wir sind genauso befreundet wie das Yin und das Yang, wie Ebbe und Flut, wie Tag und Nacht. Wir ergänzen uns, schließen uns gegenseitig aus, kollidieren aneinander, und vollenden uns gegenseitig. So gesehen möchte ich einen Nachtrag zum vorhin Gesagten machen. Ich sagte, »es führt kein Weg an mir vorbei«. Genau genommen müsste ich es so formulieren: ES FÜHRT KEIN WEG AN *UNS* VORBEI! Um den göttlichen Plan zu erfüllen, muss jeder sowohl mich als auch Gott erfahren. Denn wir sind das Oben und das Unten, das Yin und das Yang, der Himmel und die Hölle, und letztlich sind wir *Eins*.

Bist du so etwas wie Gottes Schatten?

Unter anderem. Ich bin der ewige Gegenspieler. Ich bin der Geist, der stets verneint.

Das hast du von Goethe gestohlen!

Nein. Er von mir. Auch ihm war ich ein inspirierender und unersetzlicher Lehrmeister. Oder denkst du, die Idee vom Pakt mit Mephisto sei seiner berühmten Feder entsprungen?

Offenbar nicht. Aber wenn alle Menschen zuerst an dir vorbei müssen … musste denn auch Jesus »an dir vorbei«?

Jesus musste im Grunde genommen gar nichts. Jedoch inszenierten wir unsere inzwischen legendäre Begegnung in der Wüste, um der Menschheit einen weiteren Wegweiser zu schenken. Die Legende vom hungrigen, durstenden Jesus, der trotz der höchst unerquicklichen Situation dem Ewigen Verführer widersteht, sollte den Menschen einen weiteren Fingerzeig geben, dass der einfachere Weg meistens der falsche ist. Wäre Jesus nicht ein Erleuchteter gewesen, wie leicht hätte er meinen Angeboten nachgegeben. Doch er war unantastbar – und das wollten wir den Menschen offenbaren. Ich habe seit Anbeginn der Menschheit stets die Rolle des Bösen übernommen, ohne zu murren – stets beflissen, dem göttlichen Gleichgewicht zu dienen. Ich bin der ewige Widersacher, der unvergängliche Gegenspieler. Aber wer das Licht erkennen will, der muss auch mit der Dunkelheit vertraut sein. Wer Gott erkennen will, der muss auch mich erkennen.

Lass mich das kurz zusammenfassen: Eigentlich dient alles auf der Welt, auch das Böse, dem göttlichen Plan. Habe ich das richtig erfasst?

Absolut und ohne Fehl.

Dann lass mich mal das ausgediente, wenn auch immer wieder spannende Beispiel Adolf Hitler ansprechen. Hat denn sein Auftritt auf Erden irgendetwas Gutes bewirkt?

Oh ja! Adolf Hitler bewirkte mehr als die meisten anderen.

Sprichst du jetzt als Teufel, oder als das göttliche Wesen, das du gleichfalls zu sein vorgibst?

Als beides. Hitler war – so unglaublich dies für dich und bestimmt auch für all deine Mitmenschen klingen mag – eine der erleuchtetsten Seelen. Aus dem ewigen Meer der Seelen kam er empor, um für ein paar unvergessliche Jahre in meiner Mannschaft zu spielen.

Du nimmst mich auf die Schippe! Wie kann ein Wesen, das für den Tod von zig Millionen Menschen verantwortlich ist, eine erleuchtete Seele sein?

Du musst dir das Ganze von der höchsten Ebene aus betrachtet vorstellen. Stell dir vor, wir schreiben das Jahr 1889. Noch wird es fünfzig Jahre dauern, bis Hitler die Menschheit ins Chaos stürzt. Aber die Menschen als Kollektiv sind dermaßen weit vom göttlichen Pfad abgekommen, dass etwas Gigantisches geschehen muss, um sie wach zu rütteln. Eine kolossale göttliche Ohrfeige wird fällig. Hoch im Himmel sitzen Gott und alle Engel zusammen und schauen mit besorgter Miene auf die Erde hinunter. Sie wissen, dass nun ein Freiwilliger her muss, eine hohe Seele, die damit leben kann, sich für manche Jahrhunderte den Hass und die Wut der gesamten Menschheit sowie eine unbeschreibliche karmische Schuld aufzuhalsen. Das sind verflucht schlechte Energien, die sich dieser jemand mit so einem Auftrag einbrockt! Jedenfalls streift Gottes strenger, wenn auch gütiger Blick durch die Runde, und alle Engel schauen weg, niesen demonstrativ oder suchen nach Staubkörnchen auf ihren Flügeln. Und plötzlich steht ein kleiner Engel hinten in der 666. Reihe auf und sagt: »Okay, ich übernehme den Job.« Gott strahlt ihn an und fragt ihn mit Anerkennung in der Stimme: »Du, Engel, willst tatsächlich die Erde in Schutt und Asche legen, auf dass die Menschen wieder einen Schritt näher zum Pfad der Tugend finden?« Und der Engel antwortet mit Stolz und Opfermut in seinen selbstlosen Gesichtszügen: »Ja, oh Herr, das werde ich tun!« Et voilà: Eine edelmütige, erleuchtete Seele kommt als Adolf Hitler auf die Erde, um dem göttlichen Plan zu seiner Verwirklichung zu verhelfen. Diese Szene ist natürlich nicht wortwörtlich zu nehmen, aber der Grundessenz nach stimmt sie.

7

Moment mal! Wie käme eine erleuchtete Seele dazu, solch unbeschreibliche Gräueltaten zu verrichten? Weiß ein Pfarrer, wie man einen Banküberfall durchführt?

Mit Verlaub – für den technischen Teil war ich zuständig. Ich war dem guten alten Adolf ein fleißiger Einflüsterer, wenn er einmal nicht weiter wusste.

Was ist mit den Opfern? Was ist mit den Millionen von Juden, die ihr Leben lassen mussten? Was ist mit den englischen, französischen, amerikanischen, russischen und allen anderen Soldaten, die sterben mussten?

Oh, ein heikles Thema! Aber ich liebe heikle Themen … Wie ich dir bereits früher erklärte, ist alles eine Sache der Resonanz. Auf der höchsten Ebene – nenn es von mir aus den Himmel – gibt es stets genug Seelen, die aufgrund ihrer »vorherigen Taten« (im Himmel gibt es ja eigentlich kein Vorher oder Nachher) sozusagen reif sind, in ihrem nächsten Leben – neben ihren sonstigen Bestimmungen – auf eine ganz bestimmte Art und Weise zu sterben, und sei diese Todesart noch so grauenhaft. Mit ihrem im Jenseits selbst gewählten Todes-Modus folgen diese Seelen dem Gesetz von Ursache und Wirkung – ihrem Karma. Gleichzeitig haben sie wieder einen ganz bestimmten Auftrag an der Menschheit zu erfüllen, indem sie für diverse Mitmenschen die Erfahrung von Verlust, Trauer, Wut, Akzeptanz und viele weitere Emotionen bringen, die diese Seelen wiederum als Erfahrung noch nötig haben.

Du willst sagen, dass alle Opfer des zweiten Weltkrieges sich »auf der höchsten Stufe« ihr Schicksal selbst ausgesucht haben???

Nicht nur diese. Sämtliche Opfer aller Verbrechen suchen sich ihr Schicksal selbst aus. Das ist so, seit es den Menschen gibt. Sogar die modernen Kriminologen, so unspirituell diese meistens auch sind, haben zum Beispiel längst erkannt, dass es zwischen Opfer und Täter so gut wie immer eine Art von Verbindung gibt. Doch der Mensch sträubt sich gegen diese Erkenntnis mit einer Hartnäckigkeit, die Ihresgleichen sucht. Denn diese Erkenntnis widerspricht dem gängigen Dogma von Richtig und Falsch, von Gerechtigkeit und Ungerechtigkeit. Schlimmer noch: sie beraubt den Menschen seiner Lieblingsrolle: der Opferrolle. Doch darauf werden wir später noch zurückkommen.

Es gibt noch weitere Gründe, warum eine dermaßen tollkühne Erklärung für den Tod von Millionen von »Opfern« wenig Anklang findet. Wie ich dir schon mehrfach erklärt habe, klammert sich der Mensch an alles Altgewohnte – auch an alte Anschauungen, Betrachtungen und altes Leid. Ich nenne dir ein bekanntes historisches Beispiel: Galileo Galilei starb 1642. Auch wenn ihr Menschen euch dies nur schwer vorstellen könnt, der Vatikan gestand erst 1992, dass man ihn zu Unrecht verurteilt hatte. Letztlich suchte sich aber auch Galileo sein Schicksal selbst aus: das Schicksal zu erleben, wie sein eigener Geist einen Schleier nach dem anderen vom Mysterium des Universums wegziehen konnte, und wie er schließlich einer »höheren Macht« – in diesem Fall der katholischen Kirche – unterliegen und den eigenen

Anschauungen abschwören musste, um nicht hingerichtet zu werden.

Doch zurück zu Hitler. Er hat der Menschheit mehr beigebracht als manch andere erleuchtete Seele. Denn der Erleuchtete kann nur dem wahrhaft Suchenden helfen. Hitler hingegen kam den Menschen auf eine höchst irdische, wenn auch peinigende Art entgegen. Mit seiner apokalyptischen »Methode« erreichte er alle Menschen: Suchende und Nicht-Suchende, Geistige und Geistlose, Täter und Opfer. Sie alle traf er, und machte betroffen.

Und *alle* erkannten sie, dass Hitlers bestialische Art, sein unbändiger Hass, seine unbeschreibliche Grausamkeit, seine beispiellose Egomanie wohl nicht der richtige Weg sein konnten. Plötzlich schlossen sich große Nationen zusammen, um Hitlers Vormarsch einen Riegel vorzuschieben. Worte wie Friede, Eintracht und Liebe wurden wieder populär. Die Menschen kämpften Rücken an Rücken gegen das »Böse« – ein Ehrfurcht gebietender Moment in der Geschichte der Menschheit! Leider ist das emotionale Gedächtnis kurz, auch wenn die Geschichtsbücher geduldig von jenen Zeiten der Abscheulichkeiten Kunde tun. In unserer selbstmörderisch schnelllebigen Ära sind die Chroniken über Hitler und seine gräulichen Taten längst Schnee von gestern, und die warnenden Worte der heutigen Politiker, diese düstere Epoche der Zivilisationsgeschichte nie zu vergessen, zu reinen Lippenbekenntnissen abgeflaut.

Bedeutet dies, dass wir einen neuen Hitler erleben müssen, bevor wir endlich begreifen, worum es geht?

Nein. Das Kapitel Adolf Hitler ist abgeschlossen – genauso, wie das Kapitel Jesus. Wundere dich nicht, wenn ich beide

Namen im gleichen Atemzug erwähne – als Herr der Unterwelt genieße ich gewisse Privilegien, auch die, provozieren zu dürfen. Nein, einen zweiten Hitler braucht ihr nicht. Ich fürchte, die nächste »göttliche Ohrfeige« wird noch viel gigantischer sein müssen, um euch aus eurer bleiernen Lethargie aufzurütteln. Ich denke, dass sich da schon mehrere Faktoren verbinden müssen, um dies zu erreichen. Der falsche Prophet. Klimatische Katastrophen. Neue Seuchen. Erdbeben und Flutwellen. Der Moment wird zur reifen Zeit bestimmen, mit was ihr euch noch auseinandersetzen müsst, um zu wachsen, zu lernen und zu verstehen, was ihr verdient habt. Ich bin bereit, meinen Auftrag an euch ohne Skrupel und ohne Zweifel auszuführen. Und vergiss nicht: mein Repertoire an Kalamitäten ist unbegrenzt.

All dies willst du uns antun, damit wir endlich deine Botschaft begreifen? Das ist ja entsetzlich!

All dies, und noch mehr. Um euch mit eiserner Hand und eiskaltem Gemüt zu zwingen, endlich euren göttlichen Auftrag zu erfüllen! Dabei ist mir jedes Mittel recht. Zudem werde ich meine älteste, meine Lieblingswaffe, mit neuer Inbrunst einsetzen.

Lieblingswaffe?

Die dunkle Emotion. Seit Jahrtausenden plage ich die seelisch trägen, erstarrten, unbeweglichen Menschen mit Unzufriedenheit, Trauer, Verzweiflung, und einem zermürbenden Gefühl der inneren Leere. Mit dieser meiner Lieblingswaffe habe ich bereits hunderte von Millionen von Menschen dazu gebracht, sich endlich auf den Weg zu machen.

Bedeutet dies, dass es völlig sinnlos ist, wenn Ärzte wie ich unseren Patienten Antidepressiva verordnen?

Richtig. Diese Medikamente sind absolut sinnlos. Diese so genannte »Therapie« ist eines der frappantesten Beispiele, wie sehr die heutige Medizin – in Einklang mit der heutigen globalen Mentalität – nur Symptome bekämpft, aber nie die Wurzel packt. Diese Mentalität ist genauso kurzsichtig wie eine altbekannte Anekdote: Du fährst mit dem Auto, und plötzlich leuchtet die rote Warnlampe auf, die besagt, dass du fast kein Öl mehr hast. Was tust du? Du drehst die Glühbirne raus, und das Problem ist behoben …

Ganz schön zynisch, aber ich verstehe, vorauf du hinaus willst. Aber wie steht es mit Psychotherapie?

Die Psychotherapie an sich wäre keine schlechte Idee. Schon die Tatsache, dass sich der Mensch mit seinem Problem auseinandersetzen will, zeigt auf, dass er »auf dem Weg« ist. Der Weg führt ihn allerdings nicht immer an das von euch Schulmedizinern vorgegebene Ziel. Das liegt am bereits tief sitzenden Irrglauben, dass ihr einfach eine »zufällig oder reaktiv aufgetretene Störung« beheben wollt. Der Wunsch ist, möglichst schnell beschwerdefrei zu werden, um im alten Rhythmus weiterzumachen. Das, mein Lieber, ist eine Furzidee. Die moderne Psychotherapie geht zum Beispiel so weit, eine unglückliche Jugend aufzudecken, und schon ist der Patient wieder in der oh so bequemen Opferrolle. Er darf fortan allen Leuten auf die Nase binden, dass er logischerweise depressiv und ängstlich ist, weil er ja als Kind sexuell missbraucht wurde oder ihn seine Mutter nicht richtig liebte oder sein Vater Alkoholiker war. Und damit wäre der Fall erledigt, der Patient muss diese Tatsachen nur richtig »verdauen«, und schon geht es ihm wieder gut. Doch wer fragt nach der *Ursache* der ganzen Misere? Niemand. Man wische den ganzen Dreck unter den Teppich, und das Problem ist verschwunden.

Uh, jetzt bist du aber ganz schön in Fahrt! Wo liegt denn das eigentliche Problem?

Tiefer. Viel tiefer. Und da streifen wir wieder das Gebiet des Glaubens und der Religionen. Die meisten eurer »Probleme« sind in früheren Leben von euch *selbst* geschaffene, ganz spezifisch für euch zugeschnittene Konstellationen, die ihr ausbaden müsst. Es ist das Prinzip des Karmas, das Prinzip von Ursache und Wirkung. Es ist das für euch Menschen unbequemste, unbeliebteste Prinzip von allen. Gott schickt euch seit Jahrtausenden Mystiker, Eingeweihte, und Propheten, doch ihr verbannt und ermordet sie. Ich, der Teufel, das dunkle Element, das euch *allen* innewohnt, will euch über die höchsten Prinzipien des Universums unterrichten. Ich übernehme die undankbare Funktion des gestrengen Lehrers, der seinen renitenten Schülern hie und da einen Denkzettel verpassen muss. Da ich meine Aufgabe aber von der höchsten Ebene aus erkenne und ausführe, tue ich dies mit Freude und Hingabe. Ich kümmere mich um jeden Einzelnen von euch, bis auch der letzte sich auf den Weg macht, den göttlichen Plan zu erfüllen. Deshalb wiederhole ich mich gerne, aus didaktischen Gründen: Es führt kein Weg an mir vorbei!

Das habe ich mir gemerkt. Was mich immer wieder fuchst, ist die Theorie mit dem Karma, mit der Wiedergeburt. Obwohl die-

ses Prinzip mich anspricht, sagt ein anderer Teil in mir, dass es nur ein Glaube unter vielen Glauben ist. Warum sollte ich mich zu einer ganz bestimmten Weltanschauung, einer von vielen, bekehren lassen?

Das sollst du nicht. Niemand muss glauben, weil es irgendjemand vorschreibt. Jeder muss seinen Glauben alleine finden. Grundsätzlich haben alle Glaubensrichtungen einen »Teil der Wahrheit« erkannt. Der Unterschied liegt vorwiegend in der »Verunreinigung« der einzelnen Glaubensrichtungen und Weltansichten. Diese Verunreinigungen sind die Krebsgeschwüre der Egomanie, des Machtbegehrens und des Größenwahns des Menschen. Viele der obersten religiösen Führer der einzelnen Glaubensrichtungen haben über die Jahrhunderte Schritt für Schritt die *Grundessenz* ihres Glaubens – welcher der Wahrheit oft sehr nahe kam – zu ihren Gunsten verfälscht, vergiftet und verdreht. Dies stets zum gleichen Zweck, um die Menschen zu beherrschen, durch Angst gefügig zu machen, sich zu bereichern und um sich stärker zu fühlen. Die wahren Esoteriker haben nie versucht, ihre Wahrheiten »an den Mann zu bringen«, oder diese zu manipulieren. Natürlich gibt es auch in der Gilde der Esoteriker schwarze Schafe – schließlich sind auch sie nur Menschen. Doch die echten Mystiker wussten seit Anbeginn der Menschheit, dass der wahre Weg der »Innere Weg« ist. Auf diesem Weg ist jeder allein – doch niemals einsam. Jeder ist sein eigener Schöpfer, sein eigener Regisseur. Über die göttliche Macht – das Universum, das morphogenetische Feld oder das große Tao, wie auch immer ihr sie nennen wollt – wird dem Suchenden stets geholfen. Es werden ihm Zeichen geschickt noch und noch, doch nur derjenige, der mit offenem Herzen auf dem Weg ist, wird diese Zeichen auch sehen.

Blindheit ist eine erlernbare Eigenschaft, und diese selektive Blindheit für alle göttlichen Zeichen wird dem Menschen mit Inbrunst von Generation zu Generation weitergegeben. Der Mensch verschließt mit gewaltigem Einsatz seine Augen vor allem vermeintlich Unangenehmen. Ich helfe ihm, sie wieder zu öffnen, indem ich ihn unter seiner selbst erwählten Blindheit leiden lasse.

Diese »Blindheit« ist ja wohl eine Metapher. Inwiefern »wählen« wir denn die Blindheit?

Indem ihr euer Leben lang etwas nachrennt, was euch nicht erfüllt. Oder nach dem trachtet, was euch nicht weiterbringt. Im Gegenteil, ihr rennt dem nach, was euch *festnagelt*. Ihr ladet euch immer mehr und mehr Ballast auf, der euch auf eurem Weg zur eigenen Entwicklung und Erleuchtung behindert. Ihr kauft euch Häuser, Autos, elektronische Geräte, erwerbt immer mehr technisches Wissen, füttert eure Köpfe, nicht aber eure Herzen. In diesem Wettrennen, in dieser nimmersatten Gier nach Vergnügen und Erfolg unterstütze und fördere ich euch – bis ihr mit euren leeren Werten so überfüttert seid, dass ihr alles »zum Kotzen« findet und euch auf den anderen, den *inneren* Weg zurückbesinnt. Dabei lässt mich Gott ganz nach meinem Gutdünken walten, denn er weiß, dass ich – ganz im Gegensatz zu eurer gängigen Meinung über den Teufel – mit Herz und Seele dem göttlichen Plan diene. Ihr müsst nur begreifen, dass es kein Yin ohne das Yang geben kann. Kein Licht ohne Dunkelheit. Hört auf zu werten, und ihr seid auf dem Weg zur inneren Verwirklichung! Alle Wege führen nach Rom, wie das Sprichwort sagt, und genau so führen alle Wege zum Paradies, oder zur All-Einigkeit, oder zur Erleuchtung. Die einzige Voraussetzung dafür ist, dass man nicht stehen bleibt. Ich, Satan, halte die Menschheit in Bewegung – und dafür solltet ihr mir danken und mir huldigen.

Wir sollten aus lauter Dankbarkeit Satanisten werden?

Nein. Ihr sollt das Große Ganze erkennen und anerkennen. Kein Gott ohne Satan. Kein Satan ohne Gott. Es gibt nicht das Gute ohne das Böse: alles gehört zusammen.

Ich verstehe deine Worte, aber ich sehe nicht, wie ich in meinem Leben damit etwas anfangen kann. Was soll ich in meinem Leben ganz konkret ändern? Was sollen die Leute, die dieses Buch lesen, in ihrem Leben ändern?

Beginnt damit, ehrlich zu sein. Heute. Sofort. Hört auf die innere Stimme, und lebt ehrlich danach. Lebt das, was diese innere Stimme euch sagt. Mit allen Konsequenzen, seien diese gemäß eurem Denken nun »gut« oder »böse«. Es geht nicht darum, nach der verstaubten Struktur eurer Vorväter zu leben. Jeder von euch hat sich irgendwo, irgendwann im Nirgendwo, sprich, im Himmel, im Nirwana, im Jenseits, seinen eigenen Auftrag gegeben, was er in diesem Leben erleben und lösen soll.

Jetzt wird es spannend. Wir nähern uns meinen konkreten Fragen: Wie fange ich an, »ehrlich« zu sein? Wie erkenne ich meinen »roten Faden« im Leben? Was ist der erste, was ist der nächste Schritt?

Ganz einfach. In meiner Funktion als Teufel stelle ich dir eine unbequeme Frage nach der anderen, und du beantwortest diese mit aus tiefster Seele kommender Ehrlichkeit. Ich werde mich aber von meiner Schokoladeseite zeigen, indem ich nicht von dir verlange, dich vor all deinen Lesern bloßzustellen. Es genügt, wenn du die Fragen leise, für dich alleine beantwortest. Ich werde meine Fragen selbst kommentieren, denn die eine oder andere Antwort wird für *alle* Menschen von Bedeutung sein.

Und nachdem ich die Fragen für mich beantwortet habe?

Danach brauchst du nur noch eines: Konsequenzen zu ziehen. Entweder durch Verständnis und innere Änderung – oder durch Taten.

8

Dann lass uns beginnen!

Alles klar. Nur noch eine kleine Bemerkung: ich mache die von euch Menschen kürzlich eingeführte, »politisch korrekte«, aus meiner Sicht völlig absurde Untergliederung in männliche und weibliche Ansprechformen, sprich, Partner/Partnerin, PolitikerIn, SängerIn etc. ganz bestimmt nicht mit, sondern nehme mir das diabolische Recht, mal das eine, mal das andere Geschlecht anzusprechen. Vergiss nie: es sind *alle* gemeint – und es führt kein Weg an mir vorbei!

Ja, ja, das hatten wir schon. Schieß los mit deinen Fragen!

Frage: Liebst du deine Partnerin? Oder bleibst du nur mit ihr zusammen, weil sie oder die Gesellschaft es erwartet, weil eine Scheidung zu teuer ist, wegen der Kinder, oder weil ihr euch ewige Liebe geschworen habt? Mein Kommentar: Da ich in die Seelen der Menschen sehen kann, lass dir gesagt sein, dass die meisten Menschen irgendwann, nach Monaten oder Jahren, an einen Punkt kommen, an dem die Liebe schon lange nicht mehr der Hauptgrund für eine Partnerschaft ist. Aus obigen Gründen jedoch bleiben immer noch die allermeisten Menschen viele Jahre länger zusammen, obwohl die Essenz der Ehe bereits schon lange gestorben ist. Bewusst oder unbewusst fallen euch immer wieder »gute Gründe« ein, weshalb man sich nicht trennen sollte: die Angst vor dem Alleinsein, der Gesichtsverlust vor Freunden und Gesellschaft, das Gefühl, versagt zu haben, die Angst, den Partner durch den Trennungswunsch zu verletzen, die Angst, sich durch einen solch drastischen Schritt bei gewissen Leuten unbeliebt zu machen, die Angst, es alleine nicht zu schaffen, die Angst, finanziell den Gürtel enger schnallen zu müssen, die Angst, keinen neuen Partner zu finden, die Angst, im Nachhinein herauszufinden, dass man doch beim alten Partner hätte bleiben sollen, die Angst, ganz von vorne beginnen zu müssen … Angst auf der ganzen Strecke! Es wäre tragisch, wenn es nicht so erbärmlich wäre!

Aber es ist doch einfach so, dass wir Menschen von tausend Ängsten belastet, wenn nicht sogar dominiert werden. Was sollen wir denn dagegen tun? Schau dir doch bloß unser Versicherungswesen an: jede Versicherung kann uns doch mit wenigen Statistiken überzeugen, dass wir noch mehr Versicherungen brauchen, weil das Leben so ungemein gefährlich ist. Wie soll man denn frei von Angst leben, wenn einen tausend Instanzen täglich daran erinnern, dass man einfach Angst haben sollte?

Seid mutig! Die Situationen in eurem Leben werden euch gegeben, und ihr müsst damit umgehen, ob ihr es wollt oder nicht. Irgendwann, irgendwo habt ihr euch ja *selbst* diese Situationen zurechtgelegt. Die Versicherungen sind ein gutes Beispiel. Eine Angst wird wahrgenommen, wird »von außen«, sprich, den Versicherungsgesellschaften geschürt. Die Versicherungen signalisieren euch, dass man sich von der Angst freikaufen kann. Und dafür bezahlt ihr einen absurd hohen Preis! Denn nicht nur bezahlt ihr euer hart verdientes Geld, nein, ihr merkt nicht einmal, dass die Angst bei euch bleibt, sich höchstens verlagert! Wenn du den Familienschmuck versicherst, glaubst du, dich von der Verlust-

Angst freizukaufen. Im nächsten Moment merkst du aber, dass man dir dein Auto klauen könnte – nächste Versicherung bitte. Du lernst nichts aus der Angst, du erkennst nicht das Thema: das menschliche *Klammern* an Materie. Und wenn du deine Materie fünf- und zehnfach versichert hast, merkst du endlich, dass man dir deine Tochter klauen könnte: sei dies durch einen Streit, eine Entführung oder einfach, weil sie ihre eigenen Wege gehen will. Und in diesem Moment begreifst du endlich, dass *nichts dir gehört!* Du hast das Thema begriffen, hast deine Verlustängste erkannt, und plötzlich musst du dich mit ihnen auseinandersetzen. Vielleicht wäre es angenehmer gewesen, dies früher zu tun, ohne Zeitdruck, indem du an dir hättest arbeiten sollen … doch du hast dich für die Vogel-Strauß-Taktik entschlossen, und nun sind die Angst und der Schmerz viel größer, als es nötig gewesen wäre. Merkt euch: es gibt kein Davonlaufen! Ihr könnt fliehen, aber der Situation werdet ihr nie entkommen. Ihr habt stets die Wahl: seid mutig und schaut euch die Situation an und handelt entsprechend, oder lauft vor ihr davon und leidet unter meinen »dunklen Emotionen«. Vergesst nie: ich bin stets da, um euch daran zu erinnern, den Weg weiter zu gehen. Wenn eure Liebe zum Partner gestorben ist, dann lebt um Himmels willen nicht mit dieser Leiche unter einem Dach – das wäre unschicklich.

Aber das sind doch stets schleichende Prozesse, die reifen müssen. Man sollte doch nichts übereilen. Man bringt uns bei, sich alles gut zu überlegen, bis man »reif« für eine Entscheidung ist!

Ihr nennt es »reifen«. Ich nenne es Quatsch! Ihr wollt in euren Entscheidungen nicht reifen, ihr wollt so lange leiden, bis der Leidensdruck so gewaltig wird, dass euch die Entscheidung gewissermaßen leicht fällt. Stets seid ihr deshalb auf meine untertänigste Unterstützung angewiesen. Aber hört auf mich: ihr braucht mich nicht! Nehmt euer Leben selbst in die Hand, und ihr seid meine »Beihilfe« los!

Und wenn eine Frau mit Kindern sich von ihrem Mann nicht trennen kann, weil sie dann finanziell nicht durchkommt?

Auch sie muss lernen, auf die innere Stimme zu hören. Entweder die innere Stimme sagt ihr, dass sie es sich aus karmischen Gründen vorgenommen hat, mit einem Mann zu leben, den sie nicht liebt, der sie vielleicht sogar prügelt oder missbraucht – oder die innere Stimme sagt, dass es Zeit ist, sich von einer (wahrscheinlich ebenfalls karmisch eingebrockten) Abhängigkeit zu lösen – *koste es, was es wolle!*

Wie meinst du das?

Wenn es darum geht, sich von einer Abhängigkeit zu lösen, weil dies ein entscheidender, essentieller Schritt für ihre Seele ist, dann wird sie die Mittel dazu finden. Wie ich bereits sagte: der Weg zur inneren Wahrheit ist oft einsam, aber man ist nie alleine. Wenn diese Frau ganz tief und vertrauensvoll spürt, dass sie sich von diesem Mann trennen muss, dann wird sie samt ihren Kindern Hilfe erfahren – von wo auch immer diese kommen mag. Die bittere Durststrecke ist dabei oft inbegriffen.

Das gefällt mir nicht. Das klingt genau so wie die fahlen Versprechungen, die ich als Kind stets von der Kanzel gepredigt erhalten habe. »Vertraut Gott, und euch wird geholfen!« Von solchen Versprechungen haben wir Menschen oft nichts außer Ärger und

Enttäuschung. Warum sollten wir einfach »vertrauen«, wenn die heutige Welt einem doch noch und noch aufzeigt, dass man nichts und niemandem vertrauen kann?

Damit wären wir beim bereits besprochenen Thema des mangelnden Vertrauens. Genau *weil* ihr a priori misstrauisch seid, kreiert ihr eine starke Resonanz für schlechte Erfahrungen und Enttäuschungen. Zudem kann ich gar nicht genug betonen, dass ihr Menschen in den allermeisten Fällen nicht der inneren Stimme folgt, sondern der Stimme des Egos. Freilich, es ist nicht immer einfach, diese Stimmen zu unterscheiden, denn das Ego ist gerissen – genau so gerissen wie ihr selbst!

Wie kann ich diese Stimmen denn unterscheiden? Gibt es ein »sicheres Zeichen«?

Ja. Bei jeder Frage, die ihr euch selbst stellt, gibt es ein todsicheres Zeichen, um herauszufinden, ob ihr die innere Stimme, die Stimme der Liebe, die Stimme der Wahrheit hört, oder die Stimme eures Egos.

Spann mich nicht auf die Folter!

Das Zeichen heißt *Angst*. Sobald die Stimme, die ihr in euch selbst hört, eine Aura von Angst mit sich bringt, und sei diese auch noch so diskret, dann ist es die Stimme des Egos.

Das kann ich nicht ganz nachvollziehen.

Stell dir eine Frage, und beantworte sie aus tiefster Seele. Achte auf diese antwortende Stimme. Und sei gewarnt: die

Angst, die bei der Stimme des Egos mitschwingt, äußert sich zum Teil über Umwege. Zum Beispiel fragst du dich, ob du ein neues Auto kaufen willst. Die innere Stimme sagt »Ja, diesen Mercedes will ich unbedingt!« Du analysierst diese Stimme und findest, die weiß, was sie will, da schwingt auch keine Angst mit! Und schon bist du in die Falle getreten. Die Angst war versteckt dabei, nur so leise, dass man genau hinhören muss. Die innere Stimme des Egos brummelte im Hintergrund noch mit: »Wenn ich den Fiat statt den Mercedes kaufe, dann finden mich meine Kollegen nicht so cool. Ein kleineres Auto könnte wirken, als wäre ich nicht erfolgreich genug, oder zu geizig, mir was richtig Tolles zu leisten. Mit einem billigeren Auto riskiere ich unter Umständen, dass ich unterwegs technische Probleme habe, mit einem Mercedes bin ich auf der sicheren Seite. Frauen stehen auf solch große, teure Autos, mit einem billigeren Modell könnten mich die anderen locker ausstechen.« Und so weiter, und so fort.

Das klingt überzeugend. Gutes Beispiel. Aber die obige Thematik ist doch wesentlich komplexer: Gesetzt den Fall, die oben erwähnte Frau möchte also ihren Mann verlassen, aber sie hat kein Geld, muss zwei Kinder ernähren … wie soll sie in so einer schwierigen Situation die »richtige Stimme« heraushören?

Mit der haargenau gleichen Methode. Sie stellt sich eine Frage, und hört auf ihr Herz, auf ihre innere Stimme. Wenn sie genau hinhört, wird sie stets zwei Stimmen unterscheiden können. Sie stellt sich also die Frage: »Will ich mit diesem Mann, meinem Ehemann, dem Vater meiner beiden Kinder, weiter zusammenleben?« Die innere Stimme sagt klar und deutlich: »*Nein!*«. Die Frau analysiert die Antwort, und fühlt, dass dieses *Nein*, diese klare Antwort auf eine klare Frage, frei von jeder

Angst ist. Aber sobald die Frage sich ausweitet, die Frage nach den Konsequenzen einer möglichen Trennung auftaucht, in diesem Moment kommt die Angst ins Spiel. Dann klingt die innere Stimme plötzlich wie eine nörgelnde alte Tante und sagt: »Aber das kann ich doch nicht. Er liebt mich doch, er braucht mich. Ich kann unsere Kinder doch nicht von ihrem Vater wegreißen. Von was sollten wir leben, ich habe ja nicht einmal einen Beruf. Was werden die Leute sagen …« Diese Stimme ist sehr logisch, überzeugend, hat unendlich viele gute Argumente – und in dieser Stimme schwingt *Angst* mit! Und genau so entlarvt man die Stimme des Egos. Das Ego ist der Teil in euch, der, blind und subjektiv abgeschnitten vom Großen Ganzen, immer denkt, er sei euer *ich*. Der Teil, der meint, er sei so wichtig, dass er sich vor allen anderen Egos dieser Welt durchsetzen muss, der Bessere sein, irgendwie überleben muss, sich absichern muss. Es ist der Teil, der die Abgespaltenheit von der All-Einigkeit im tiefsten Sinne des Wortes symbolisiert. Es ist dieser Teil, der mit Hilfe des Vertrauens zurückgeführt werden muss in den Hafen der Liebe.

Jetzt wirst du aber ganz schön schwülstig!

Ja! Ist das nicht wunderschön? Ich werde auf meine alten Tage noch richtig sentimental!

Bleib doch ernst! Sollen wir denn wirklich der inneren Stimme, ich meine, der »wahren« inneren Stimme folgen – gesetzt den Fall, wir können sie klar identifizieren – und die Stimme des Egos in die Wüste schicken?

Ja. Wiederum dreimal ja! Und jetzt kommt der dicke Hund: Ich werde dir jetzt etwas sagen, was dir im ersten Moment einen Aufschrei des Entsetzens entreißen wird. Wenn diese Frau nun auf ihre »wahre« innere Stimme hört und ihren Mann verlässt, dann geschieht genau das, was diese Frau in diesem Leben braucht: ganz egal, ob sie irgendwie zu Geld und einem neuen Traummann kommt oder in der Gosse verhungert: es ist genau *diese* Erfahrung, die sie braucht! Und wenn sie Resonanz für die zweite Version hat, wenn sie samt ihren Kindern jämmerlich zugrunde gehen muss, dann kann ihr das niemand ersparen, weil die Erfahrung sonst nur aufgeschoben würde. Und dieser Gedanke, mein Lieber, kommt der heutigen »christlichen, menschenfreundlichen« Mentalität gar arg in die falsche Kehle.

Ich bin sprachlos. Wieder habe ich das Gefühl, dass hier der wahre Teufel sprechen muss, um solch schreckliche Dinge zu sagen.

Und wiederum kannst nur du dir die Frage beantworten, die auf deiner Zunge brennt: Sagt dieser Teufel die Wahrheit, oder will er mich stracks in das große Lügennetzwerk der Hölle führen? Achte auf die innere Stimme. Deine »laute« innere Stimme, die Stimme des Egos, ist entsetzt, sagt »Nein, so kann es nicht sein, das ist unmenschlich!« Doch die andere, die leise, die »wahre« innere Stimme sagt: »So ist es. Dieser Teufel spricht die Wahrheit.«

Ich könnte schreien, aber … genau so ist es in der Tat!

Habe ich dir nicht schon zu Anfang gesagt, dass während unserer Diskussion hier diverse Prozesse in dir ablaufen werden? Du bist gerade daran, das berühmte *LoLa*-Prinzip zu verstehen.

LoLa-Prinzip?

Das Loslass-Prinzip. Es wurde bereits von diversen einsichtsvollen Menschen unter verschiedenen Titeln beschrieben. Du lässt gerade von alten, in dir fest gemeißelten, längst verstaubten, seit Menschengedenken verlogenen Gedanken und Theorien los. Du hast gelernt, dass man so und so denken und fühlen sollte. Hörst du, was ich meine? »Man sollte«. Was sollte »man« denn? Tun und glauben, was andere Menschen vor uns getan und gedacht haben? Kritiklos und ohne zu hinterfragen, ob es damit seine Richtigkeit hat? Nein, mein Lieber: Jeder von euch hat als göttliches Geschenk – nebst dem freien Willen – einen hundertprozentig zuverlässigen, inneren Wegweiser mit in die Wiege bekommen: die wahre innere Stimme. Diese Stimme kommt von Gott. Die andere Stimme – die Stimme des Egos – die kommt von mir …

Wow. Ich bin völlig erschlagen. Das ist wirklich ein dicker Hund.

Ein Höllenhund, nicht wahr? Ich nenne es das Cerberus-Prinzip: der mutige Mensch muss sich am Höllenhund der alteingesessenen Meinungen vorbei schleichen, um in die Kammer der Wahrheit zu gelangen.

Du findest dieses Gespräch wohl inspirierend – ich hingegen finde es äußerst beängstigend.

Irrtum. Dein *Ego* findet es beängstigend. Dein wahres *Ich* frohlockt, weil es spürt, dass ein Schleier nach dem anderen fällt, und die Wahrheit immer deutlicher wird. Und diese Wahrheit wirst du unter die Menschen bringen.

Ich fürchte, wenn wir hier noch lange reden, wirst du mir noch die letzten Zweifel nehmen. Du bist ganz schön überzeugend.

Wenn das deine wahre innere Stimme sagt, dann darfst du dich ruhig überzeugen lassen. Doch zurück zu unserem Frage-und-Antwort Spiel. Frage: Liebst du deinen Beruf, oder arbeitest du vorwiegend, »weil man ja Geld verdienen muss«, weil dein Beruf dir Prestige bringt, weil du dir in deiner begrenzten Freizeit dafür mehr Luxus und andere Kompensationen leisten kannst, weil du dann weniger Zeit hast, um über unangenehme Themen wie den Sinn des Lebens nachzudenken?

Mein Kommentar: Wende genau dasselbe Prinzip an, wie wir es oben besprochen haben. Sei ehrlich, lass zu, dass sich die wahre innere Stimme herauskristallisiert. Ein weiteres Beispiel: Nehmen wir einen Bankangestellten mittleren Alters. Er arbeitet täglich acht Stunden in der Bank, berät Kunden, erledigt seinen Papierkram, und leidet hintergründig an dem nagenden Gefühl, dass sein Leben grau in grau ist, dass er eher vor sich hinvegetiert, als dass er sein wahres Leben lebt. In seiner Freizeit sorgt er dafür, dass es keine Lücken gibt, in denen er nichts zu tun hätte. Wie neunundneunzig Prozent seiner Zeitgenossen liest er die Zeitung, um zu erfahren, dass es Millionen von Menschen auf dieser Welt – technisch gesehen – viel schlechter geht als ihm. Er glotzt TV, um einen nicht gelebten Teil seiner selbst – zum Beispiel die Rolle des tollkühnen Abenteurers – auf virtuelle Art »mitzuerleben«.

Gleichzeitig beugt er sich seiner Angst, die ihn ja dazu verdammt, im bequemen Fernsehsessel zu sitzen, statt die Abenteuer selbst zu erleben. Seine wahre innere Stimme ist leise, ach so leise. Sie sagt ihm, dass er sein Leben nicht lebt, und er rennt vor dieser Stimme davon, holt sich Lärm und Ablenkung von außen: Radio und Fernseher und Telefon und tausend Menschen in sein Leben, um diese Stimme nicht hören zu müssen, weil die Stimme seines Egos sonst noch lauter und ängstlicher in seinem Kopf herum quakt. Ich sorge natürlich dafür, dass die ungelebte innere Stimme immer mürrischere und unangenehmere Signale aussendet. Wenn nun dieser Bankangestellte sich zu lange sträubt, gegen seine immer häufigeren Stimmungstiefs Johanniskraut und Antidepressiva schluckt, wegen seiner inneren Anspannung immer häufiger Feuerwasser trinkt, wegen seiner entnervenden Schlaflosigkeit Schlaftabletten schluckt … dann macht sich die ungelebte innere Stimme auf einer anderen Ebene bemerkbar, auf der körperlichen. Der in den Fängen seiner Angst steckende Bankangestellte, der sich gegen alle wohlgemeinten Ratschläge seiner wahren inneren Stimme sträubt, wird krank. Wenn es um körperliche Krankheiten geht, ist mein Repertoire genau so unbegrenzt wie im seelischen Bereich. Der arme Tropf mag eines Morgens einen Hexenschuss erleiden, einen Bandscheibenvorfall, und auf einmal ist er gezwungen, ruhig zu liegen, bis es ihm nicht mehr gelingt, die sich anstauenden Gefühle und Gedanken zuzudröhnen. Oder ich lasse ihn unter den mannigfachen Nebenwirkungen all seiner Tabletten leiden. Oder er bekommt einen Herzinfarkt oder Krebs. Ich gehe ganz individuell auf jede Situation ein und unterstütze jedermann mit genau der Krankheit, die er braucht, um auf den richtigen Weg zu finden.

Bedeutet das, dass wirklich jede Erkrankung in unserem Leben eine Signalwirkung hat? Dass unsere symptombezogenen Therapien also völlig widersinnig sind?

Du hast es erfasst. Es ist absolut verblüffend, wie hartnäckig und oft sogar kreativ ihr Menschen seid, wenn es darum geht, die Botschaften eurer Seele und eures Körpers misszuverstehen. Diese Tendenz, wegzuschauen, ist in den letzten paar Jahrzehnten exponentiell gewachsen. Die früheren Menschen hatten immerhin noch ein massiv größeres Vertrauen in göttliche Zeichen und Botschaften. Ich frage dich: Würdet ihr heute einem Propheten Vertrauen schenken? Würdet ihr irgendjemandem glauben, der behaupten würde, er hätte Gott geschaut, er hätte Nachrichten von oben bekommen? Wird *dir* irgendjemand glauben, wenn du dieses Buch veröffentlichst, dass all diese Zeilen vom düsteren Höllenfürsten kommen? Glaube mir: wären Neuroleptika vor viertausend Jahren erfunden worden, die Bibel wäre heute nur eine dünne Broschüre …

Letztlich stecke ja wieder ich hinter dem heutigen, wahnwitzigen Aberglauben, dass man Krankheiten mit Medikamenten heilen soll und kann: es geht wie immer ums Geld, und das kommt ja bekanntlich vom Teufel. Nun, das Geld, das verwaltet im Gesundheitsbereich heutzutage die Pharmaindustrie. Sie ist – dank der selbstsüchtigen Angst eures eigenen Egos – heute mächtiger als manch ein antiker König. Doch auch die Pharmaindustrie wird noch zu Fall kommen. In genau achtzehn Jahren, also im Jahr 2026, wird es nur noch einen Pharma-Giganten geben – ich kenne sogar dessen Namen –, und dieser wird genau ein Jahr nach seiner Entstehung stürzen und eine neue Ära in der Medizingeschichte einleiten.

In meinem Kopf dreht sich alles von all diesen Informationen und Prophezeiungen! Lass mich nur kurz durchatmen. Du sprachst vorhin von diesem Bankangestellten, der sein Leben nicht lebt. Was ist denn mit den tausenden »Wenn und Aber«, den unzähligen Erklärungen respektive Problemen, die uns davon abhalten, uns selbst richtig zu leben?

Alles Ausreden, mein Lieber, alles Ausreden. Jeder kann können. Es geht darum, richtig zu sehen, zu hören, zu fühlen. Viele spirituelle Führer, darunter auch der Dalai Lama, predigen euch tagtäglich, dass ihr den Schmerz als Freund erkennen müsst, das Tal der Tränen als den Weg, den ihr zuweilen gehen müsst. Ihr hört, dass ihr mutig und aufrecht und unbeirrt die Aufgaben des Lebens meistern sollt, und was tut ihr? Ihr lasst euch beim ersten Hindernis einfach fallen und jammert!

Du kannst doch nicht ernsthaft verlangen, dass wir über unsere schlimmsten Schicksalsschläge noch lachen können?

Warum nicht? Wer zuletzt lacht, stirbt immerhin glücklich!

Witzig! Ich meine es ernst!

Ich auch. Ihr sollt lernen, Rückschläge als nötige Hilfen auf eurem Weg zu sehen. Wie sollte ein Tennisspieler je ein Profi werden, wenn er nie einen Rückschlag seines Gegners kontern müsste? Mit jedem Schlag und Rückschlag stimmt ihr euch immer besser auf das Leben und eure Aufgaben ein. Wer schmollend neben dem Spielfeld steht, der lernt nichts, und den hole ich. Ihr müsst versuchen, immer wieder mit frischem Mut aufzustehen, und es aufs Neue zu versuchen. Wer versucht, der findet. Wer nicht versucht, den führe ich in Versuchung – und spiele solange mit ihm, bis er die Spielregeln gelernt hat. Auf Biegen und Brechen.

Dieses Katz-und-Maus-Spiel klingt schon eher nach dem Teufel, den der Pfarrer von der Kanzel verlästert …

Und dennoch verkennst du mich, wenn du nun wieder denkst, dass ich aus Freude an der Bosheit handle. Meine Freude ist nur eine Begleiterscheinung des Wissens um meine edlen Taten, die euch eine unwillkommene, jedoch unerlässliche Hilfe sind. Zurück zum Bankangestellten: wie soll er es anstellen, sich selbst zu leben? Weiß er doch nicht, was das überhaupt bedeuten soll? Dazu gibt es ein patentes Rezept: man lasse los und mache sich auf die Suche nach Hilfe.

Und wo, bitte sehr? Beim Psychiater? Beim Berufsberater? Bei seiner Nachbarin? Im Internet?

Ist völlig Wurst. Er muss nur denken: »Jetzt reicht's, ich mach mich auf die Suche nach einer Lösung«, und schon ist der erste Schritt getan: er ist auf der Suche. Und mit jedem Schritt auf seiner Suche wird er eine Information erhalten, tief im Bauch. Entweder sagt ihm sein Gefühl, ja, das ist es, oder es sagt ihm, nein, das ist es nicht.

Aber es grenzt doch an ein Wunder, wenn man auf der Suche nach Hilfe genau an die richtige Adresse gelangt!

Glaube nicht an Wunder – verlasse dich auf sie.

Sehr tiefgründig. Meinst du das im Ernst?

Natürlich. Ich sage dir, es kommt immer genau richtig. Egal, ob ihr es durchschaut oder nicht. Gottes Wege sind unergründlich.

Du verschaukelst mich auf teuflisch blasphemische Art und Weise.

Nein. Ich merke nur, dass ich leider immer wieder dazu tendiere, euch Menschen zu überschätzen. Ach, ihr habt tatsächlich noch einen weiten Weg zu gehen!

Wo waren wir? Ach ja. Wenn dieser Bankangestellte nun anfängt, sich Fragen zu stellen oder anderen Leuten Fragen zu stellen, kommt unweigerlich der Moment, wo diese Fragen – einmal aus dem Kerker seines Egos befreit – eine Eigendynamik entwickeln. Und damit ist der gute Kerl bereits auf dem besten Weg. Was heißt »auf dem besten Weg«? Es gibt nur gute Wege, denn alle Wege führen zum Ziel, die einen direkter, die anderen auf Umwegen. Also, dieser Suchende wird es immer weniger schaffen, den Fragen, die ihn auf den Weg führen sollen, auszuweichen. Irgendwann erkennt auch er, was er wirklich will. Sagen wir zum Beispiel, er möchte in der Natur arbeiten statt am Schreibtisch. Sagen wir, er möchte Gärtner werden. Wahrscheinlich sträubt er sich gegen die Änderungen, die erforderlich sind. Das heißt, sein Ego sträubt sich. Warum? Wegen der Angst! Weniger Geld, weniger Prestige, die meisten seiner »Freunde« würden ihn für verrückt halten, und so weiter und so fort. Also, er sträubt sich. Und ich helfe ihm, indem ich ihn leiden lasse, indem ich ihn spüren lasse, dass er auf dem Holzweg ist, wenn er sich sträubt. Und irgendwann kommt die große Änderung. Entweder der Gute wirft seinen Bettel vor die Füße seines Chefs und fängt ein neues Leben an, oder er wird schwer krank, depressiv, oder er stirbt. So einfach ist das.

Meine Güte! Du bist gnadenlos!

Ja. Und ich bin stolz darauf. Wenn ihr schon Weicheier seid, dann fehlte es gerade noch, wenn auch ich noch auf Muttersöhnchen machen würde! Du siehst: wir sind auf dem Pfad der Ehrlichkeit, und dieser Pfad ist bei der menschlichen

Spezies oft unbeliebt. Also weiter mit unserem Spiel: Bist du anderen gegenüber höflich und nett, weil du so empfindest, oder weil es die gesellschaftliche Etikette verlangt?

Nun – teils, teils.

Was bedeutet, dass du den meisten Menschen etwas vormachst. Korrekt?

Nun ja …

Genau. Du machst also den meisten deiner Mitmenschen etwas vor. Eine unehrliche, verlogene Sache. Sagtest du nicht, der Teufel, also ich, sei der große Lügner, der Verdreher der Wahrheit? Hmm! Interessant!

Du weißt doch genau, wie das geht: Man wird so und so erzogen, man lernt, den Leuten Respekt zu entbieten, man lernt Höflichkeitsformen, man lernt, sich zu beherrschen, den anderen nicht zu verletzen …

Bla-bla-bla! Was du da auf ziemlich unbeholfene Art und Weise zum Besten gibst, bedeutet im Prinzip nur eines: Die meisten Menschen werden als Original geboren und sterben als Kopie. Vor was habt ihr Angst? Dass der andere euch weniger mag, wenn ihr die Wahrheit, *eure* Wahrheit sagt? Na und wenn schon! Sag mir, gibt es eine bessere Art, eure Mitmenschen zu testen? Ihre wahren Gefühle zu erfahren? Warum sammelt ihr armen, hilflosen Geschöpfe die Namen und Adressen von Leuten, die euch im Prinzip nur mögen oder akzeptieren, weil ihr wie die Zirkusaffen brav eure Kunststückchen aufführt?

Aber man kann doch nicht einfach jedem seine wahre Meinung auf die Nase binden! Das würde ja zu Mord und Totschlag führen!

Ehrlichkeit ist nur dann verletzend, wenn dein Gegenüber in der Unehrlichkeit sich selbst gegenüber lebt. Glaube mir nicht – überprüfe es! Sei ehrlich zu deinen Mitmenschen, und du wirst sehen, dass diejenigen, die dich mögen, dich noch mehr in ihr Herz schließen werden, während die anderen, die vorgeben, dich zu lieben, jedoch nur deine anerzogene Aufmachung kennen, dich im Nu verlassen werden.

Es tut aber weh, verlassen zu werden. Es schmerzt, wenn einem ein Mensch den Rücken kehrt. Es ist kränkend zu erfahren, dass man nicht mehr akzeptiert wird.

Die Menschen, die dich verlassen, tun dir damit einen großen Gefallen, denn sie sind nur Ballast. Zudem darfst du nie deine eigene Spiegelfunktion vergessen: Jedes Mal, wenn du zu jemandem ehrlich bist, konfrontierst du diesen Menschen mit seiner eigenen Ehrlichkeit, respektive seiner Selbst-Täuschung, und er lernt etwas von dir. Es geht immer und immer wieder um das Gleiche: Ihr sollt mutig sein, und etwas Neues ausprobieren, zum Beispiel Ehrlichkeit. Dafür müsst ihr aber von der Angst loslassen. Um von der Angst loszulassen, müsst ihr vertrauen. Vertrauen wird einem nicht geschenkt, man muss es üben. Wird man wegen seiner Ehrlichkeit enttäuscht, soll man dafür nicht gekränkt, sondern dankbar sein, denn man lebt danach nicht mehr in der Täuschung. Vertraue meinen Worten, denn ich bin der Meister der Täuschung. Solange ihr in der Täuschung lebt, wandelt ihr auf *meinem* Pfad, und ihr werdet leiden. Bereit für das nächste Thema?

9

Pfff … bin ganz erschlagen …

Schön! Wie wäre es mit Sex?

Wie bitte?!

Wollen wir über Sex reden?

Wenn du meinst … Das ist ein heikles Thema.

Warum? Bist du verklemmt?

Nein, aber –

Sicher bist du verklemmt. Vergiss nicht, ich kann dir in die Seele schauen. Was sagte ich vorhin zum Thema der Ehrlichkeit?

Okay, du hast gewonnen, ich bin etwas verklemmt. Wahrscheinlich nicht mehr und nicht weniger als die meisten meiner Zeitgenossen, aber –

Schweige, hör zu und beantworte mir diese Frage: Lebst und erlebst du deine Sexualität als wunderbare, göttliche Verschmelzung mit deiner Partnerin, oder ist Sex für dich nur ein vergnüglicher Zeitvertreib, ein willkommenes Ventil für den Stress des Alltags, eine weitere Ablenkung, um ja nicht ins Nachdenken zu kommen?

Nun …

Ich sehe, du sprichst nicht gerne darüber … das wusste ich! Ich sollte dich eigentlich auf direktem Weg dazu verdonnern, zuerst Ehrlichkeit zu üben, und erst dann mit dir weiterreden. Aber lassen wir Gnade vor Recht walten. Ich werde dir eine Zahl an den Kopf werfen: von den aktuell auf dieser Erde atmenden Menschen erleben nur gerade drei Prozent Sex gelegentlich als göttliche Verschmelzung, als Offenbarung, als einen kleinen Einblick in die All-Einheit. Für alle anderen ist Sex eine Nebensache, ein Hobby, ein Zeitvertreib, eine Sucht, eine Pflichtübung, eine demütigende Unterwerfung, eine beängstigende Mission, bei der Versagensängste auftauchen, eine Sünde, etwas Schmutziges, etwas, das man »einfach tut«, oder eine Ego-Bestätigung.

Woher kommt denn diese völlig verkorkste Beziehung zum Thema Sex?

Die meisten Menschen können Sex nicht als die ultimative, göttliche Verschmelzung erleben, die sie sein sollte. Den einen wurde von ihrer zartesten Jugend an eingetrichtert, dass Sex schlecht, sündig oder böse sei. Die anderen haben Sex zur stets konsumbereiten Droge erklärt und kommen nicht einmal auf die Idee, dass die fabelhafte Kraft der Sexualität weiter entwickelt und auf einer göttlichen Ebene ausgelebt werden könnte. Sex ist zu oft einfach ein »schwieriges, heikles Thema«. Warum aber sollte Sex ein spezielles Thema sein? Warum sollte es anders gewichtet werden als Pizza essen oder Segelfliegen? *Das* ist eine heikle Frage! Denn Sex ist in Ordnung, so oder so – wie alles im Universum. Wenn ihr jedoch lernen wollt, die sexuelle Verschmelzung als eines der höchsten, göttlichsten Instrumente auf eurem Weg zur All-Einigkeit zu nutzen, dann müsst ihr mit dem Thema vorsichtig umgehen. Seit Jahrtausenden predigen verschiedene Religionen, dass Sex ein Tabu ist, eine schmutzige Angelegenheit, eine Sünde. Warum? Weil Sex teuflisch sein soll, weil die ganze Sexualität zu *mir* gehören soll! Und das ist höherer Blödsinn, als ob jemand behaupten würde, es könne ein Yin ohne ein Yang geben. Sex ist ok, solange ihr spürt, dass es nicht einfach eine Ersatzbefriedigung, ein Medikament gegen die Angst oder die Langeweile ist. So könnt ihr Sex praktizieren mit wem ihr wollt, ihr könnt auch mehrere Partner gleichzeitig haben … aber dann seid ihr bereits auf der Seite der Sucht: ihr »sucht« nach etwas, das ihr nicht *in euch selbst* findet, und deshalb versucht ihr, diesen Mangel mit Sex zu kompensieren. Meistens ist Sex dann nur ein ungeeigneter Ersatz für die Liebe oder den Weg zu euch selbst. Das göttliche Potential der Sexualität verkümmert zu einem billigen, jedoch kurzlebigen Schmerzmittel oder Antidepressivum. Sex wurde euch von Gott geschenkt, auf dass ihr durch die göttliche Verschmelzung zweier Seelen und zweier Körper einen Vorgeschmack der All-Einigkeit erfahren könnt. Die sexuelle Verschmelzung sollte euch daran erinnern, was ihr eigentlich seid: Liebe. Pure Liebe.

Als Menschen müsst ihr wohl oder übel viele Erfahrungen über euren »Spiegel«, respektive eure Mitmenschen machen. Wenn ihr mit einem geliebten Mitmenschen im Liebesakt tatsächlich auf seelischer und körperlicher Ebene verschmelzen könnt, dann erlebt ihr einen Vorgeschmack des Himmels. Zu eurem Leid ist Sex jedoch eine derart mächtige Sache, dass sie sogar auf einem viel tieferen Niveau noch attraktiv erscheint und deshalb von den meisten Menschen »zweckentfremdet« wird. Die meisten von euch sind meilenweit von der Fähigkeit entfernt, sich völlig hinzugeben, was die Bedingung für eine echte Verschmelzung wäre. Denn Hingabe hat mit Vertrauen zu tun, und Vertrauen mit Liebe. Ihr wachst in einer Gesellschaft auf, in der *Kontrolle* ein Götzenbild ist. Ihr müsst euch immerdar im *Griff* haben. Wie zum Henker sollt ihr da noch wissen, wie man *loslassen* kann? Denn wer sich in eurer Gesellschaft nicht unter Kontrolle hat, kann nicht richtig darin funktionieren. Dieser Kontrollwahn vermiest den meisten von euch die göttliche Ekstase der sexuellen Verschmelzung. Indem ihr dies realisiert, versucht ihr, euren qualitativen Mangel im Quantitativen auszuleben, was zur Folge hat, dass viele Menschen sexsüchtig werden, sei dies nun in Bezug auf lebende Menschen, Videos, Internet, Selbstbefriedigung und so weiter. Dieses Muster der Sexsucht findet sich häufiger bei den Männern, die auf der körperlichen, der animalischen Ebene noch eher der Evolution verhaftet sind: sie wollen – wie Dschingis Khan – ihre Gene in alle Windrichtungen verstreuen, um sich dadurch »unsterblich« zu machen.

Eine andere Reaktion ist das genaue Gegenteil: die Flucht vor Sex und Zärtlichkeit. Dieses Muster findet sich eher bei den Frauen, die ihrem Konflikt mit diesem Thema zum Beispiel mit Hilfe einer Migräne, eines ausgeprägten prämenstruellen Syndroms oder einer Frigidität ausweichen – alles Taktiken, um der Bedrohung der »nicht erfüllten Sexualität« zu entkommen. Dabei fliehen sie aber leider vor dem Symptom, nicht vor der Ursache.

Also ist auch Sex weder gut noch schlecht, sondern sollte einfach »richtig verstanden und richtig gelebt« werden?

So ist es. Der sexuelle Trieb wurde euch in die Wiege gelegt, damit ihr tunlichst alle über diese wunderbare Möglichkeit stolpert, etwas Göttliches zu erleben und euch dabei selbst zu erfahren, wie ihr euch sonst kaum erfahren könnt. Aber wie alles in der Welt der Dualität ist auch Sex so zweischneidig wie ein indonesisches Jagdmesser: Man kann damit ein feines Steak zerlegen oder sich den Finger abschneiden. Man kann die wunderbarsten Schnitzereien kreieren oder jemanden damit umbringen. Die Kraft, die in der Sexualität liegt, ist riesig – und ob sich diese Kraft auf göttliche oder teuflische Art entfalten soll, entscheidet nur ihr selbst.

Sobald Sex nicht gelebt wird, wie er gelebt werden sollte, kommt ihr auf meinen Pfad zurück. Ihr landet in der Sucht oder in der Flucht, und damit seid ihr mein und müsst meine »Hilfeleistungen« über euch ergehen lassen.

Was sagst du zur Treue?

Auch sie ist weder richtig noch falsch. Aber es gibt ein Phänomen, dass ihr beachten solltet: Wenn ihr auf der höchsten Ebene mit eurem Liebespartner verschmelzen könnt, werdet ihr kein Begehren nach einem anderen Partner oder einer Ersatzbefriedigung empfinden.

Solange ihr mehrere Partner oder fantasievolle Spielzeuge und Requisiten »braucht« oder eure Sexualität sonst wie unnatürlich auslebt, habt ihr das volle Potential dieses göttlichen Geschenkes nicht entdeckt. Zudem solltet ihr auch bei diesem Thema das Gesetz von Ursache und Wirkung nicht vergessen. Wenn ihr aus Gedankenlosigkeit oder mangelnder Liebe euren Partner hintergeht und ihm dabei Schmerzen zufügt, so kommt dieser Schmerz unweigerlich dereinst auf euch zurück. Dieses Gesetz ist absolut nicht wertend, es sagt nichts darüber aus, ob ihr richtig oder falsch gehandelt habt. Dies müsst ihr selbst entscheiden, indem ihr Selbstverantwortung übernehmt und die Auswirkungen eurer Taten erfahrt.

Und was sollen wir tun, um dieses göttliche sexuelle Potential zu finden und zu leben?

Ist doch logisch: weitersuchen! Bleibt niemals stehen. Lasst euch niemals einlullen durch eine Situation, die auf den ersten Blick gut oder angenehm ist. Denn ich sorge dafür, dass ihr in eurer Entwicklung, in eurer Selbsterfahrung nicht stecken bleibt. Sobald die innere Stimme euch zuraunt, »das Sexualleben mit meinem Partner bringt mir nicht die volle Befriedigung, ich verlange nach mehr«, dann wird es Zeit für eine Veränderung – in euch, eurem Partner, und in eurer Beziehung. Versucht ihr, vor dieser Stimme zu fliehen, so gelangt ihr wieder unweigerlich auf meinen Pfad.

Wir sollen uns also niemals auf Kompromisse einlassen, richtig? Wenn zum Beispiel das Sexleben gut ist, dafür aber die übrige Beziehung nicht, oder umgekehrt, dann müssen wir uns wieder »auf den Weg machen«, denn sonst kommst du und machst uns Beine?

Langsam verstehen wir uns! Ich wusste doch, dass ich mit dir einen guten Griff getan habe! Wenn »etwas nicht stimmt« in eurem Leben, dann schreit dieses Etwas nach Bewegung, nach Transformation. Prinzipiell kannst du immer bei dir selbst anfangen, wenn du die Wurzel eines Übels oder eines leidigen Zustandes suchst – denn »die anderen« oder »die Außenwelt« sind immer nur das Spiegelbild deines seelischen Zustandes! Du kannst deinen Partner, deine Kinder, dein Umfeld nur dann ändern, wenn du dich zuerst selbst veränderst. Die Sexualität hat in dieser Hinsicht keinen Sonderstatus. Wie für alle anderen Themen gilt: Achte auf deine wahre innere Stimme. Erkenne und akzeptiere Unstimmigkeiten. Lass dich auf deine Ängste und negativen Gefühle ein, erkenne sie, erfahre sie als Lehrmeister. Sobald du ihre Lehre verstanden und integriert hast, kannst du diese Lehrmeister – sprich, deine Ängste und sonstigen Probleme – loslassen. Wenn in deiner Partnerschaft die Liebe oder die Sexualität trotz deinen eigenen Bemühungen zur Veränderung nicht mehr stimmig ist, dann verlasse diese Beziehung ohne Groll und Anschuldigungen. Verlasse diese Beziehung in Liebe und Dankbarkeit für das Gelernte, denn du bist deinem Ziel einen Schritt näher gekommen.

Dies alles sind uralte kosmische Gesetze und Weisheiten. Und weißt du was? Wir liegen voll im Zeitgeist!

Zeitgeist? Was meinst du denn damit?

Der Großteil der Menschheit würde heute eher auf mich hören als auf Gott. Der klebrige Sumpf eurer weltumfassend überblähten Egos bietet kaum noch Platz für göttliche Impulse. Doch wenn ich, der Teufel, nun Klartext spreche, dann wird sich das globale menschliche Bewusstsein mit einem ängstlichen, wenn auch neugierigen Blick diesem Buch und seinem Inhalt zuwenden – und glaube mir, es werden Veränderungen stattfinden. *Denn die Zeit ist reif!*

Ich kriege eine Gänsehaut.

Das solltest du auch. Denn meine Botschaft soll niemanden kalt lassen. Ihr sollt ob der Tiefe meiner Kundgebungen erschauern. Bist du bereit für die nächste Frage?

Können wir vielleicht mal eine Pause einlegen? Mir schwirrt der Kopf.

Nein, wir machen weiter. Meine Frage war rein rhetorisch gemeint. Soll die Menschheit unnötig lange auf dieses Buch warten, nur weil du schon schlapp machst?

Schon gut, schon gut, dann machen wir eben weiter.

Hier wäre meine nächste Frage: Bist du *jetzt*, in diesem Moment, glücklich und zufrieden, oder richtest du deine ganze Gedankenkraft in eine mögliche Zukunft, in der du dank deinem heutigen Einsatz oder dank einem gnädigen Schicksal vielleicht eines Tages glücklich sein solltest?

Im Moment bin ich völlig absorbiert mit dem Gedanken, wann und wie dieses Buch an meine Mitmenschen gelangen soll …

Und genau so absorbiert warst du schon dein ganzes Leben lang: Während du dachtest, dass du lebst, warst du nichts als ein hin und her gerissener armer Wurm, der sich zwischen dem Grübeln über die Vergangenheit und dem Planen der Zukunft niemals selbst leben konnte. Und so geht es praktisch allen Menschen auf diesem schönen blauen Planeten.

Du hast wieder einmal gnadenlos Recht. Mein ganzes Leben lang verfolgt mich das, was in meiner Vergangenheit nicht so gelaufen ist, wie ich es gern gehabt hätte. Und mein ganzes Leben lang versuche ich, meine Zukunft so zu biegen und zu planen, dass sie für mich »ideal« wird. Und in all diesen Jahren habe ich es kaum je geschafft, einfach den Moment, jeden Moment, zu leben und zu genießen.

Jetzt bist du endlich ehrlich zu dir selbst. Und weißt du, was du die ganze Zeit suchst?

Den Sinn des Lebens?

In einem gewissen Sinne ja. Du suchst das, was jeder Mensch eigentlich in der Hand halten sollte: den eigenen »roten Faden«. Denn es gibt nicht *einen* »Sinn des Lebens«, es gibt keinen »richtigen oder falschen« Weg. Es gibt immer nur den einen »richtigen« Weg, und das ist der eigene. Und genau dieser eigene Weg scheint für euch Menschen der blindeste aller blinden Flecken zu sein.

Warum sind wir denn so blind? Warum schaffen wir es kaum, zu erkennen, was der richtige Weg für uns ganz individuell ist?

Weil ihr faule, konsumfreudige Gewohnheitstiere seid. Denn sogar die eigenen Augen zu öffnen bedeutet einen gewissen Aufwand, und den scheut ihr. Ihr habt Angst, die Augen zu öffnen, denn dann könntet ihr ja das Licht sehen, und vielleicht könnte euch dieses Licht sogar blenden. Ja, ihr habt eine kaum nachvollziehbare Angst vor der Wahrheit, vor dem Licht, vor der Erleuchtung. Dabei ist diese Angst euch nicht mal angeboren! Als Neugeborene versteht ihr noch mehr von Gott und der All-Einigkeit als die meisten eurer höchsten Philosophen und spirituellen Meister. Und dann verlebt ihr eure angeborene Weisheit und Individualität damit, euch auf Punkt und Komma genau diktieren zu lassen, wie ihr zu leben habt. Eure Traditionen, eure Führer, eure Politiker, eure Eltern und Lehrer – sie alle achten wohl darauf, dass ihr euch anpasst, dass ihr so lebt, wie es die Gesellschaft gerne sieht. Passt euch an, werdet wie die anderen, und ihr habt lauter

»gute Freunde«. Doch fangt an zu denken, zu fühlen, zu *leben*, und ihr werdet zuerst belächelt, dann verlassen, schließlich gerichtet. Ihr lebt in einem üblen Puppentheater des Machtmissbrauches – und lasst jede Erniedrigung, jede Demütigung und jede Bevormundung über euch ergehen wie die Lämmer im Schlachthaus. Zur Hölle, manchmal macht ihr mich richtig krank mit eurer passiven Jämmerlichkeit!

Beruhige dich bitte, du machst mir Angst!

Dafür bin ich ja da.

Um mich zu verängstigen?

Und um dich zu erleuchten. *Per aspera ad astra*, wie ich bereits sagte: durch die Bitternisse zu den Sternen.

10

Wie sollen wir denn nun unseren »persönlichen roten Faden« finden?

Oh, dafür gibt es tausend Wege! Als erstes geht es darum, euch von euren tausend Ablenkungen zu verabschieden. Ihr lebt in einer Welt aus Lärm, Gestank, Hektik, Nervosität, Angst, Verpflichtungen, Abhängigkeiten. Lasst los von allem, was nicht wirklich zu euch gehört, und ihr werdet ganz in eurer Nähe, ganz in euch drinnen, den roten Faden erkennen.

Das klingt ja schön und recht, aber ziemlich diffus. Was sollen wir loslassen? Welche Aktivitäten, welche Bekannten, welche Hobbys? Wie soll ich wissen, was »zu mir gehört«?

Ich werde dir ein paar Möglichkeiten nennen. Geh alleine spazieren, Tag für Tag. Nimm dir die Zeit dafür, auch wenn du denkst, dass du keine Zeit hast. Beobachte, was für Gedanken und Gefühle dir durch den Kopf gehen. Du wirst schnell merken, dass sie sich leicht in zwei Kategorien aufteilen lassen. In schöne, lockere, genießende Gedanken wie »ist das schön … so alleine, in der Natur … die frische Luft … die Stille tut mir gut … endlich mal weg vom Druck und von der Verantwortung« und so ähnlich. Die anderen Gedanken sind wieder die von mir gesandten: »Ich sollte bald nach Hause, hab doch noch so viel zu erledigen … morgen müssen wir wieder zu meiner Schwiegermutter, sonst ist meine Frau sauer … wie lange muss ich noch arbeiten, bis ich meine

Schulden abbezahlt habe … ob dieser Druck im Herzbereich wohl ein gefährliches Signal ist? … mein Gott, ich bin so müde, habe ja null Kondition«, und so weiter, und so fort.

Was sollen wir denn mit diesen Gedanken anfangen? Ich meine, wie sollen sie uns näher an unseren »roten Faden« führen?

Schweig und hör zu! Die angenehmen Gedanken lass fließen. Störe sie nicht mit Zweifeln aus deiner linken Hirnhälfte. Die linke Hirnhälfte ist die rationale, logische, intellektuelle Hälfte, die Seite, welche dich über die »Vernunft« fest an die materielle Welt bindet. Die rechte Hirnhälfte ist die intuitive, gefühlsbetonte, den Träumen verbundene Seite – die Seite, die dich mit dem Universum verbindet.

Das klingt ja fast, als ob wir uns die linke Hirnhälfte am besten herausoperieren lassen sollten.

Keineswegs. Vergiss nicht: kein Yin ohne Yang, kein Schatten ohne Licht. Die linke Hirnhälfte hilft euch, zu überleben, sie sorgt dafür, dass Nahrung auf dem Tisch steht. Ihr sollt keineswegs abheben, wie das gewisse Pseudo-Geistliche tun. Ihr seid Wesen aus Seele und Geist, Fleisch und Blut. Ihr lebt in der Polarität, und dieser Polarität seid ihr es schuldig, dass ihr als Seele *und* Körper leben sollt, solange ihr auf dieser Erde weilt. Die linke Hirnhälfte ist das materielle Prinzip, die rechte das spirituelle. Du bist also am Spazieren, und empfängst Gedanken aus beiden Hirnhälften. Doch die linke Hirnhälfte ist bei euch modernen Menschen wie eine Krebsgeschwulst hypertrophiert, aus allen Fugen gewachsen, während die rechte Hälfte ein Schattendasein fristet. Deshalb ist so ein Spaziergang oder eine Meditation zu Hause oder Sex auf der höchsten Ebene eine ideale Gelegenheit, der linken Hirnhälfte ein Time-Out, eine Pause zu geben. Alles klar soweit?

Kristallklar. Warum sollen wir die linke Hälfte in die Auszeit schicken?

Weil euer »roter Faden« in seiner Essenz spiritueller Natur ist. Schau dir mal an, welcher Beruf für den Einzelnen zur Berufung wird oder welcher Mensch für einen anderen die große Liebe ist. Solch elementare, titanisch wichtige Entscheidungen laufen über das Gefühl – also über die rechte Hirnhälfte. Wer sich seine Berufung und seine Geliebte mit dem linken Hirn sucht, ist ein seelenblinder Vollidiot.

Ich verstehe. Wir sollen also auf unser Gefühl, unsere rechte Hirnhälfte hören. Was aber, wenn das linke, vorlaute Hirn ständig dazwischen funkt?

Dann nimmst du in deiner Vorstellung einen Besen in die Hand und wischst diese nörgelnden, skeptischen, negativen, dunklen, beängstigenden Gedanken einfach weg. Mit ein wenig Übung geht das von ganz alleine.

Dann fragst du dich, ganz locker und ungezwungen: Wen und was liebe ich wirklich aus tiefster Seele? Nach was sehne ich mich? Kommt mein Sehnen aus dem Herzen oder aus meinem Ego?

Diese Fragen können euch ganz schön konfus machen – aber je häufiger ihr euch mit ihnen befasst, desto klarer kristallisiert sich eine Antwort nach der anderen heraus.

Klingt schwierig.

Ihr könnt den Schwierigkeiten auch aus dem Weg gehen, vor ihnen fliehen. Lenkt euch ab, stürzt euch in den Materialismus und den Egoismus … und ihr landet alle in meinem Königreich der Melancholie.

Okay, okay, war nur so dahin geschwatzt. Aber gibt es nicht Methoden, den roten Faden noch etwas schneller zu finden?

Natürlich. Man muss sie nur suchen und sich auf sie einlassen. Nimm zum Beispiel die Meditation, die Hypnose, das autogene Training. Schlussendlich läuft alles auf das Gleiche hinaus. Es geht stets um den Weg nach innen. Es ist der Weg, der die meisten Menschen von Anfang an in die Flucht treibt – geradewegs in meine Arme.

Wie kann ich denn zum Beispiel durch Hypnose den Weg nach innen, respektive meinen eigenen roten Faden finden?

Ganz einfach: in der Hypnose wird das linke Gehirn eingelullt, eingeschläfert, bis es dich mit seinem Kontrollwahn in Ruhe lässt. In der Trance erfährst du dich immer mehr im Gefühl, nicht im Intellekt. Du wirst konfrontiert mit Erinnerungen und altem Wissen. Diese Informationen sind oft kryptischer Natur, es sind Wissensschätze der Seele, gesprochen in der spirituellen Sprache der Symbole. Doch genau darin liegt der Weg zur All-Einigkeit: Indem ihr lernt, euren Gefühlen zu vertrauen, findet ihr den Weg zurück zu euch selbst, und durch euch, durch den Kern eurer Seele, findet ihr den roten Faden eures Lebens.

Das klingt irgendwie verdammt esoterisch.

Nur für den Laien. Bedarfst du, lieber Doktor, einer naturwissenschaftlich fundierteren Sprache? Dann wisse, dass die Spiritualität der Naturwissenschaft in den nächsten zweiundzwanzig Jahren den Rang ablaufen wird.

Ist das dein Ernst? Ist das eine Prognose?

Es ist eine Prophezeiung, gesprochen vom Engel des Lichtes.

Warum werde ich das Gefühl nicht los, dass du mich auf den Arm nimmst oder verwirren willst?

Weil du gelernt hast, immer zuerst mit dem Schlechtesten zu rechnen. Dabei könntest du meine Aussage mit Leichtigkeit prüfen. Schau zurück auf die großen Physiker der letzten Jahrhunderte: Sir Isaac Newton, Galileo Galilei, Albert Einstein, Max Planck, Robert Heisenberg – sie alle waren der All-Einigkeit dicht auf den Fersen! Die moderne Quantenmechanik zeigt eines immer klarer auf: dass im subatomaren Bereich die traditionelle Physik aufhört. Dort, wo die Teilchen immer kleiner werden, kommt irgendwo der Punkt, wo es *keine* Teilchen mehr gibt. Und was hält die »Teilchen« zusammen? Energie. Pure Energie. Und die Summe aller Energieformen ergibt was?

Den Kosmos?

Die Liebe.

Die Liebe???

Ja. Du hast es zwar bereits im anderen Buch gelesen, aber ich möchte es dir dennoch in Erinnerung rufen. Die Liebe ist nicht die Abwesenheit von Hass. Die Liebe ist die Summe aller Emotionen, aller Gefühle – aller *Energien*. Und die Liebe ist alles. Die Liebe ist die All-Einigkeit. Was bedeutet, dass die Quantenmechanik mit Pauken und Trompeten dereinst beweisen wird, dass die Bausteine des Universums – und des Menschen – reine Liebe sind.

Mir wird ganz komisch bei der Vorstellung, den Teufel so eifrig über die Liebe referieren zu hören …

Und ich sage dir: Schweig still, und erschauere in Ehrfurcht und Dankbarkeit vor diesem Geschenk – denn du wirst der Menschheit bereits heute vermitteln, was erst im Jahre 2016 mit dem Nobelpreis ausgezeichnet werden wird.

Was, du weist sogar schon, wann *diese weltbewegende Erkenntnis offiziell anerkannt werden wird?*

Natürlich. Ich sagte dir doch bereits, ich weiß alles. Und weißt du, warum ich alles weiß?

Weil du Luzifer bist, der gefallene Engel des Lichtes? Weil du ein – zumindest einstmals – göttliches Wesen bist?

Quatsch. Ich weiß alles, weil *du* alles weißt.

Was, ich *soll alles wissen? Das ist doch – mit Verlaub – der größte Blödsinn, den ich je gehört habe.*

Hör auf, in deiner menschlichen Borniertheit zu glauben, dass du so etwas überhaupt beurteilen kannst. Deine Seele weiß alles, was es im gesamten Kosmos zu wissen gibt. Du *weißt* nur nicht, dass du alles weißt – weil du, als Mensch, als dein Ego, so gut wie alles vergessen hast. Ich jedoch, der Teufel, bin ein lebendiger Spiegel deiner *Seele*. Darum weiß ich alles, was deine Seele weiß, und das ist: *Alles!* Beispiel gefälligst?

Ja!

Okay. Wir haben uns ja bereits lang und breit über die Reinkarnation unterhalten. In den meisten klassischen Reinkarnations-Therapien sucht man in vergangenen Leben, um einen alten Konflikt, eine alte karmische Schuld zu erkennen und aufzulösen. Nun, wer sagt denn, dass man nur in der Vergangenheit herumstöbern kann?

Nun, du hast ja mehrmals erwähnt, dass es die Zeit im eigentlichen Sinn gar nicht gibt …

Genau! Ich bin froh, dass du mir so konzentriert folgst! Die Zeit gibt es nicht. Sie ist eine Illusion eurer in der Polarität gefangenen Wirklichkeit. Und deshalb kannst du genauso einfach, wie du in alten Leben herumschnüffeln kannst, auch in die Zukunft blicken!

Allerdings ist auch dies eine Frage der Offenheit, des Vertrauens, der Seelen-Reife. Du stehst kurz davor, all diese Eigenschaften in dir zu verbinden, und darauf kannst du stolz sein!

Wenn ich nach diesem Marathongespräch mit dir nicht völlig durchdrehe, kann ich wohl wirklich stolz auf mich sein.

Warum solltest du durchdrehen? Nicht die Wahrheit ist für euch Menschen eine schwere Bürde, sondern die Ignoranz. Erkenne und akzeptiere die Wahrheit, und du wirst so leicht durch das Leben gehen wie ein levitierender tibetischer Gletschermönch.

Aber da wären wir ja wieder am Anfang: Ich habe das Gefühl, dass mein »wahres Leben« mich einfach nur deprimiert, mich runter drückt und mich unglücklich und schwer macht. Wie sollte diese »Wahrheit« mir nun Leichtigkeit und Glück verschaffen?

Du bist voreilig, mein junger Freund. Von der Wahrheit hast du bisher noch herzlich wenig erkannt, geschweige denn gelebt. Bisher erkennst du freilich nur das eine: dass dein jetziges Leben nicht dem entspricht, was deine Seele für dich vorhat. In dir spürst du ein Reißen, ein Ziehen, eine Passion, die dich anstachelt, etwas zu tun, deinen eigenen roten Faden im Leben zu finden. Und wenn du ganz, ganz ehrlich in dich hinein hörst, dann wirst du mit Erstaunen feststellen, dass du die Wahrheit, wie dein Leben werden soll, schon lange erkannt hast. Aber dein Ego ist ein gar mächtiger Plagegeist, der immer wieder kommt, um deiner Vision Scheuklappen anzulegen, ein tückischer Widersacher, der all deine Träume als Schäume bloßstellt, ein genialer Rhetoriker, der dir einredet, all deine Ideen seien bloß fantastische Luftschlösser und irreale Phantasien. In dir spürst du die gewaltige Energie von Sturm und Drang, doch du hörst stets nur auf deinen »inneren Goethe« der spricht: Es irrt der Mensch, solang er strebt …

Du hast völlig recht, ich spüre diesen »Sturm und Drang«, oft sogar auf ganz gewaltige Weise, aber ich weiß immer noch nicht, was er bedeuten soll, welchen Weg er mir weisen will.

Ach ja? Spricht hier deine Seele, oder das Ego der Blockade-Politik?

Nun …

Das war eine rein rhetorische Frage. Hör in dich hinein. Was ist dein Traum?

Ich will schreiben!

Das tust du doch gerade.

Nein, ich meine, wirklich *schreiben, ich möchte als Schriftsteller arbeiten und mein Geld verdienen.*

Aber …?

Aber das geht einfach nicht.

Schade. Also, ich muss nun leider wieder gehen. Mach's gut.

11

Was?! Moment, warum möchtest du plötzlich gehen? Ich finde das Gespräch mit dir irgendwie total inspirierend! Du bringst mich dazu, Gedanken zu Ende zu denken, die ich sonst immer verdränge! Du bringst mir ganz neue Gesichtspunkte und Gedanken nahe, auf die ich von alleine nie gekommen wäre. Bitte bleib noch ein wenig, ich fühle, dass wir noch nicht fertig diskutiert haben!

Einspruch: ich widerspiegle dir nur die Gedanken deiner Seele, denen du jedoch kaum Bedeutung beimisst, während du dich gleichzeitig von deinem Ego, der Gesellschaft und der Etikette versklaven lässt. Vergiss nie: Das Geschäft mit der menschlichen Opferrolle ist mein täglich Brot, was aber nicht heißt, dass ich euch Menschen für dieses Opfergebaren nicht von Herzen verachten kann.

Das klingt sehr hart …

Ja. Ich bin knallhart. Aber vielleicht könntest du *mir* einmal einen Gefallen tun?

Einen Gefallen? Dir? Nun … gerne, aber was für einen?

Mach mich stolz. Zeige mir, dass ein normaler Mensch es schaffen kann, durch ein Gespräch und die daraus folgenden Erkenntnisse aus dieser verdammten Opferrolle herauszukommen. Zeige mir, dass es nicht umsonst war, dass ich mit dir Kontakt aufgenommen habe, beweise mir, dass ich, der Teufel, kein hoffnungsloser Optimist und Idealist bin!

Jetzt bin ich sprachlos. Nein, das ist nicht wahr, das ist nur wieder so eine Floskel, mit der man sich hinausfinden möchte. Tatsache ist, dass ich genau weiß, was du willst. Du möchtest, dass ich Mut beweise, und dort anknüpfe, wo du plötzlich in Aufbruchsstimmung kamst. Dir ist der Geduldsfaden gerissen, weil ich wie alle menschlichen Memmen sagte: »Es geht einfach nicht«. Stimmt's?

Jetzt machst du mich bereits stolz!

Also, ich bin bereit. Ich erwähnte meinen eigenen, vor mir selbst schamhaft verborgenen Traum. Ich würde lieber Schriftsteller sein als Arzt. Ich sagte, das geht nicht. Warum? Weil ich Konsequenzen ziehen müsste, die mir eine Höllenangst einjagen.

Erwähne die Konsequenzen. Am Anfang war das Wort, und das Wort war bei Gott, doch nun ist das Wort bei dir.

Du möchtest, dass ich den Gedanken weiterverfolge, ihn verbalisiere … um mir bewusst zu machen, was ich wirklich will?

Indem du den Gedanken aussprichst, bist du bereits auf dem Weg. Mit jedem Pro und Contra auf diesem Weg kommt eine Weggabelung, die dich in die eine oder andere Richtung führt. Es gibt dabei kein richtig oder falsch. Es gibt aber den »eigenen Weg«, und den »Weg der anderen«. Der letztere Weg ist der Weg des Egos. Dein Ego richtet sich stets nach der Meinung der anderen, wer auch immer diese sind. Dein Ego wird dir stets die Meinung des Volkes widerspiegeln und dir sagen, was die anderen von dir *erwarten*. Denn dein Ego hat keinen eigenen Wert, es verleiht sich diesen Wert stets nur durch die anderen, die dir sagen, wie du dich zu benehmen hast, wie du dich zu kleiden hast, was für Meinungen du vertreten sollst, wie viel Geld und Luxus du haben musst, um wertvoll zu sein, wie du dich gegen alles und jeden absichern musst, der dir etwas antun oder dir etwas wegnehmen könnte. Es ist eine bekannte Weisheit, und ich habe sie bereits weiter oben erwähnt: Bei jeder Entscheidung im Leben gibt es stets ein Gefühl. Wenn das Gefühl nach Liebe oder Glück schmeckt, ist es eine *Seelenentscheidung*. Wenn das Gefühl nach Angst schmeckt, ist es eine *Ego-Entscheidung*. Und nun mach dich auf den Weg, und bei jedem Scheideweg stell dir die Frage, wen du entscheiden lassen willst: deine Seele oder dein Ego.

Alles klar. In mir kribbelt es schon heftig beim bloßen Gedanken, diese Traumreise zum ersten Mal ganz durchzudenken, bis zum bitteren oder süßen Ende.

Du sprichst von Gedanken. Dazu möchte ich dir gerne eine weitere Weisheit auf den Weg mitgeben: Achte auf deine Gedanken, denn sie werden zu Worten. Achte auf deine Worte, denn sie werden zu Handlungen. Achte auf deine Handlungen, denn sie werden zu Gewohnheiten. Achte auf deine Gewohnheiten, denn sie werden zu deinem Charakter. Achte auf deinen Charakter, denn er wird zu deinem Schicksal.

Wow! Überzeugende Argumente! Und in der Tat eine tiefe Wahrheit.

Fang an mit der ersten Frage: Warum möchtest du schreiben?

Das habe ich mir auch schon oft überlegt. Eigentlich ist es einfach ein Drang, ein Wunsch, ein Impuls. Ich habe schon etliche Kurzgeschichten und Gedichte geschrieben, und als Arzt natürlich tausende Briefe … und dabei empfand ich meistens ein gutes Gefühl. Das Schreiben war stets eine nicht immer einfache, aber beglückende Erfahrung. Und wenn es einmal so richtig »fließt«, dann ist es eine beinahe göttliche Erfahrung. Ideen, Gedanken und Gefühle durchströmen mich, es ist, als ob ich durch einen verzauberten Wald spaziere, mit dem goldenen Schlüssel zum Reich der Phantasie in der Hand, und mit dem hundertprozentigen Gefühl im Bauch, dass das große Abenteuer gleich hinter dem nächsten, nebelumschweiften Baum auf mich wartet.

Ist das ein neues Gefühl?

Oh nein! Ich habe dieses Gefühl seit meiner Kindheit! Ich erinnere mich, wie ich einst als achtjähriger Dreikäsehoch das Fenster öffnete, um den Vollmond in einer unüblich klaren Novembernacht zu betrachten. Ich beobachtete den pockennarbigen Trabanten und versank dabei in der Welt der Imagination, in der alles möglich ist, und als ich einige Zeit später zu mir kam, war mein Oberkörper völlig eingefroren. Derart gewaltig war die Macht dieses Soges. Ich weiß nicht mehr, was ich in diesen eisigen Minuten alles an Abenteuern erlebt habe, aber der Moment war unvergesslich.

Und was hat dich daran zweifeln lassen, dass du diesen Weg weiterverfolgen solltest, nein, weiterverfolgen musst?

Das ist die Frage! Meine Eltern? Das Leben? Der rationale Verstand? In der Retrospektive war es wohl das Ego, das ach-so-

überzeugende Ego, das mir einredete, dass es normaler, prestigereicher und gewiss lukrativer wäre, Arzt zu werden. Schriftsteller, Maler und Künstler schaufeln sich durch ihre Arbeit das eigene Grab, wählen einen Hungerberuf und enden unter den Brücken der erbarmungslosen Großstadt – so zumindest wurde es mir vom gesellschaftlichen Denken eingetrichtert.

Denkst du auch heute noch so? Jetzt, nach einer jahrelangen Karriere als Arzt? Du hast Erfolg, deine Patienten mögen dich, du verdienst gutes Geld … doch was sagt dein »Sturm und Drang« dazu? Möchte er nicht mehr gelebt werden?

Oh doch, mehr denn je! Aber die alten Ängste sind mir treu geblieben. Wenn ich meinen Beruf als Arzt an den Nagel hängen will, um zu schreiben, hat das kaum überblickbare, einschneidende Konsequenzen.

Jede Änderung in jedem Menschenleben hat Konsequenzen. Die Frage ist nur, warum man die Änderung wünscht.

Das ist einfach zu beantworten: weil irgendwas tief in uns drinnen nach dieser Änderung dürstet! Ich stelle mir manchmal vor, dass ich nur noch vegetarisch lebende Freunde hätte, die mich mit vegetarischen Köstlichkeiten verwöhnen und mir beweisen, dass man gar kein Fleisch essen muss, um glücklich zu sein – während tief in mir drinnen der Appetit auf ein saftiges Steak absurde Dimensionen annimmt. Es ist ein innerer Trieb, der gelebt werden will. Aber wenn man dem Gedanken folgt, diesen Trieb zu leben, erleidet man schon nur in Gedanken Schiffbruch. Wenn ich nun morgen beschließen würde, meine Praxis zu schließen, um ein Buch zu schreiben – woher sollte da das Geld kommen? Und da wären wir: Schon der erste Schritt führt ins Nichts.

Ich sehe. Erlaube mir dazu eine alte Matrosenweisheit: »Schiffe sind im Hafen sicherer als auf dem offenen Meer. Doch dafür wurden Schiffe nicht gebaut.« Hast du einmal an eine ganz exotische Möglichkeit gedacht?

An welche?

Stell dir vor, es wäre die göttliche Mission des Menschen, der inneren Stimme zu folgen … *koste es, was es wolle!* Könnte so etwas im göttlichen Plan liegen?

Im Prinzip schon. Aber warum denken wir dann stets an unsere »Sicherheit«? Warum überwiegt immer der Gedanke, dass uns an Leib und Materie nichts geschehen darf?

Ich habe dir schon viel über das Ego erzählt. Die Wurzel des Egos liegt genau darin, dass es dich überzeugen will, dass du *wichtig* bist, wichtiger als die anderen und alles andere. Das führt zum berühmten, allseits vorherrschenden Egoismus der Menschheit. Und weil das Ego so überzeugend ist, glaubst du ihm, dass du schützenswert bist, und dies bis zum bitteren Ende. Schließe Versicherungen gegen alles ab, auch wenn du deswegen mehr arbeiten musst, um das Geld dafür zu verdienen. Wenn du mehr verdienst, dann kauf dir für teures Geld noch mehr Versicherungen, einen dicken Tresor, einbruchsichere Türschlösser und eine Alarmanlage. Besorge dir die teuerste Kranken- und Unfallversicherung, denn nur das Beste ist für dich gut genug. Geh Golf spielen statt Skifahren oder Bergsteigen, denn letztere Sportarten sind gefährlich. Schnall dich im Auto stets an und kauf dir ein Auto mit acht Airbags, man weiß ja nie. Installiere überall Feuermelder und Kindersicherungen. Arbeite mehr als die anderen, dann hast du mehr, bist du mehr. Schufte dich zu Tode, damit du dir einen Porsche und deiner Frau eine Gucci-Uhr kaufen kannst, denn dadurch kaufst du dir die Bewunderung der »anderen«, was dir – entschuldige, deinem Ego – wieder mehr Wert verleiht. Reicht dies als Exkurs und als Erklärung, warum das *Sicherheitsdenken* fast schon eine Religion ist?

Du nimmst mir den Wind aus den Segeln. Dafür danke ich dir. Neben dem finanziellen Problem hadere ich tatsächlich auch mit dem Gedanken, was die »anderen«, die Gesellschaft, die Familie, meine Patienten denken werden. Sie werden denken, ich sei übergeschnappt oder depressiv oder verantwortungslos, undankbar, ein chronisch Unzufriedener.

Ja, das werden sie. Na und? Vielleicht haben sie sogar Recht!

Meinst du das im Ernst? Dass sie Recht haben könnten?

Das war reine Provokation. Ich sagte dir schon mehrmals, dass es kein Richtig oder Falsch gibt. Es gibt nur die Innere Stimme, den Roten Faden, und den Mut, ihnen zu folgen. Das Männchen der Schwarzen Witwe spürt den unwiderstehlichen Drang, sich mit dem übermächtigen, viel größeren Weibchen zu paaren – obwohl es weiß, dass das Weibchen es nach vollzogenem Akt mit größter Wahrscheinlichkeit verspeisen wird. Hält das die Schwarze-Witwe-Männchen davon ab, mit ihrer Angebeteten zu verschmelzen? Ist die Gattung der Schwarzen Witwe vom Aussterben bedroht? Nein. Das Männchen spürt instinktiv, dass es wichtiger ist, auf die innere Stimme zu hören, als an die eigene Sicherheit zu denken.

Es ist wie mit der Liebe: Man kann einfach lieben, oder man kann es unterlassen, weil man ja dabei Herzschmerz erfahren könnte, weil jemand einem das Herz brechen könnte, weil es schief gehen könnte. Das Sicherheitsdenken ist eines der Kardinalsymptome für ein nicht gelebtes Leben.

Sobald der Mensch dieses einfache Urprinzip der Natur versteht, sobald er vom Ego-Denken abkommt, das ihm einredet, er sei wichtig und deshalb schützenswert, erst dann wird er beginnen, zu *leben*. Du, mein Lieber, lebst in der Gesellschaft der lebenden Toten. Auch du warst bisher ein Zombie, ein lebender Toter. Jesus sprach zu einem seiner Jünger, dessen Vater gestorben war: »Lass die Toten ihre Toten begraben.« Nur wer auf die weise Stimme der eigenen Seele hört, der lebt.

Ich weiß, dass du oft denkst, du seiest kein mutiger Mensch. Aber bist du bereit, mutig zu werden?

Ja!

Dann schaffe dir Platz für dein neues Leben. Viele Menschen vor dir haben diesen Schritt getan, und sie fanden Erfüllung. Erfüllung hat sehr selten mit Reichtum, Erfolg, Ruhm und Ansehen zu tun. Erfüllung ist eine Erfahrung der Seele, nicht des Egos. Du musst Altes loslassen, um Neuem Raum zu verschaffen. Über all diese großen Erkenntnisse und Wahrheiten zu plaudern und philosophieren ist ja ganz nett, aber es bringt dich nicht weiter.

Wenn du aber dein Leben ab sofort *bewusst* verändern und *bewusst* im Einklang mit deiner eigentlichen Bestimmung führen willst – *das* ist außergewöhnlich, *das* ist weltbewegend! Eine solchermaßen gelebte Bewusstwerdung ist ein strahlender Leuchtturm für unzählige Suchende. Denke bloß nicht, dass *ich* dir hier eine Chance gebe, dein Leben zu ändern. *Du* gibst *dir selbst* eine Chance, alles zu ändern! Befreie dich aus dem Gefängnis des »Nicht-Weiterdenkens-Wollens«. Fast alle Menschen – vor allem diejenigen der so genannten »zivilisierten Länder« – sind Gefangene. Doch die Mächte, die euch gefangen halten, sind klug! Das beste Mittel, den Gefangenen am Ausbruch zu hindern, ist es, ihn gar nicht erst erkennen zu lassen, dass er in einem Gefängnis lebt. All die Weisheiten, die du gerade von mir erfährst, gibt es seit Jahrtausenden. Doch werden diese Weisheiten »von oben«, von euren Politikern, Philosophen, Kirchenvätern und Gurus unter die Menschheit gebracht? Nein, ihr werdet übersättigt mit den immer neusten Fernsehgeräten, um euch Werbesendungen anzusehen, die euch darüber informieren, dass ihr die falsche Zahnpasta benutzt, dass man abnehmen kann ohne zu leiden, dass die neuste Fritteuse euch glücklich macht, und dass ihr ein neues Haus kaufen sollt, weil es gerade jetzt supergünstige Hypotheken gibt. Nebenbei vergiften euch die Medien mit unzähligen Horrornachrichten das Gemüt. Die Angst steigt, und Abwehrmaßnahmen gegen die »Gefahren von außen« boomen wie noch nie zuvor.

Ihr steckt in einem neonbeleuchteten, nach Polyester schmeckenden, virtuellen Gefängnis. Ein jeder von euch könnte sich auf den Weg machen, geradeaus, bis er unweigerlich an die Wand des Gefängnisses stoßen würde. Doch eure tägliche Hirnwäsche ist so perfekt, dass ihr nicht auf den Gedanken kommt, euch »auf den Weg« zu machen. In eurem Zoo – denn das ist es, was ihr Zivilisation nennt – habt ihr doch alles, was der Mensch braucht. Und solltet ihr einmal eine gewisse innere Leere verspüren, ein Gefühl, nicht erfüllt zu sein, einen Gedanken wie »das kann doch nicht schon alles sein«, dann wisst ihr gleich, wo ihr suchen müsst: die Werbung, das Fernsehen, das Internet, die Nachbarn, die Politiker, die Pharmaindustrie, die »In-People«, die Magazine – sie alle sagen euch von Herzen gern, was in eurem Leben noch fehlt. Die Palette ist inzwischen unendlich groß, und deshalb besteht inzwischen kein Risiko mehr, dass man eines Tages »alles haben« könnte und dann mit einem ernsten Problem konfrontiert würde.

Wow. WOW! Ich fühle mich, als wäre mir gerade ein große Offenbarung zuteil geworden. Und doch möchte ich dir danken, denn ich bin mir gewiss, dass du mir gerade hilfst, einen uralten, unheilbar verstrickten gordischen Knoten zu öffnen.

Nochmals nein: Das tust nur du alleine. Wenn wir hier fertig sind, wird es deine Sache und Sache deiner Leser sein zu entscheiden, ob du in diesem Buch mit Satan, mit Gott, mit dem Universum, oder mit dir alleine Gespräche geführt hast. Vielleicht stimmt ja auch alles zugleich. Jedenfalls bist du inspiriert, von wem auch immer. Wie du weißt, kommt das Wort »Inspiration« aus dem Lateinischen und bedeutet »jemandem Luft eingeben« – wie es Gott mit Adam getan haben soll, um aus einer Lehmpuppe den ersten lebendigen Menschen zu machen.

Du hast Recht, es spielt keine Rolle, was von wem kommt – es geht um die Erkenntnis, und um die Konsequenzen, die sich daraus ergeben. Ich erkenne nun mit klarem Blick meine unzähligen, wohl eingeredeten Abhängigkeiten.

Mein Prestige als Arzt macht mich abhängig von der Meinung der Gesellschaft.

Meine Unersetzbarkeit als Arzt macht mich abhängig von der Meinung meiner Patienten.

Mein Einkommen macht mich abhängig von einer Arbeit im Fünfminutentakt, die mich mehr stresst als befriedigt.

Mein Festklammern am erlernten Beruf macht mich abhängig von der Angst, zu alt für Neues zu sein. Mein Festklammern an der »bisherigen Situation« macht mich abhängig von der Idee, meiner Familie weiterhin den gleichen Standard bieten zu müssen.

Meine Angst vor dem Misserfolg im neuen Beruf macht mich abhängig von der Vorstellung, in alten Fesseln gefangen zu bleiben bis an mein Lebensende.

Man kann all diese Zusammenhänge auch umdrehen!

Deine Worte sind voller Weisheit. Du bist daran zu erkennen, dass Macht, Prestige, Geld, Luxus und Sicherheit nicht diejenigen Faktoren sind, die dich jemals glücklich machen können. Das erkennt ja jeder halbwegs Vernunftbegabte daran, dass man immer mehr desselben braucht.

Du weißt, dass ich als Teufel und Versucher dem Menschen seit jeher all diese trügerischen Werte schmackhaft mache, damit er auf die Nase fällt – und daraus eine Erkenntnis, eine neue Einsicht davonträgt. Bei dir lassen wir das Spielchen, weil du die Quintessenz schon selbst erkannt hast – nur zugestehen wolltest du sie dir nie.

Ich glaube, jetzt kann ich es! Es fällt mir wie Schuppen von den Augen. Es ist unglaublich, wie sehr die Angst – so ziemlich vor allem *im Leben – einen blockieren kann. Dabei habe ich dieses Thema mit unzähligen Patienten behandelt, versucht, sie aus der Angst heraus zu führen in ein »stimmiges« Leben. Wie gut sieht man das Staubkorn im Auge des anderen, wie wenig den Balken im eigenen.*

Dieses Schicksal teilst du nicht nur mit dem größten Teil der Menschheit im Allgemeinen, sondern mit vielen Beratern im Speziellen: Jeder Mensch bekommt so viele »Spiegel« vorgesetzt, wie er braucht, um sich selbst zu erkennen. In dem Moment, wo ihr beratet, erkennt ihr euch und eure Thematik wieder. Man berät die Leute zu denjenigen Themen am besten, an denen man selbst gerade herumkaut. Und je mehr du dabei lernst, desto leichter fällt es dir, dieser göttlichen Komödie zu vertrauen. Ist es nicht erstaunlich, dass du ausgerechnet vom Teufel lernst, dir und dem Leben zu vertrauen?

In der Tat. Aber ich bin voreilig. Noch ist nicht alles »geschluckt und verdaut«. Wenn ich jetzt ins kalte Wasser springe, einen Neustart wage … dann garantiert mir niemand, dass es klappen wird!

Korrekt. Du kannst natürlich auch weiterhin in der Opferrolle verharren und lauthals vor dich hin jammern. Suchst du Mitleid? Mitleid kriegst du von allen geschenkt, auch wenn hintergründig meist eine saftige Portion Schadenfreude mitschwingt. Leider fand aber noch keiner durch das Mitleid der anderen zu einem erfüllten Leben.

Schau dir lieber einmal diejenigen an, die den Sprung gewagt haben. Ist nicht manch einer, der in seiner Opferrolle erstarrt, neidisch auf die Kühnen? Ja, mein Freund: Den Neid muss man sich – im Gegensatz zum Mitleid – durch Fleiß und Mut hart verdienen.

Aber warum sollte ich es dennoch wagen, wenn die Chancen so gering sind, dass ich – in meinem Fall – vom Schreiben leben könnte?

Niemand gibt dir eine Garantie, dass »es klappt«. Aber ich gebe dir die Garantie, dass du am Ende – wie auch immer dieses aussehen mag – dir sagen wirst: Es hat sich gelohnt! Denn genau das denkt auch das Schwarze-Witwe-Männchen nach der Kopulation: Es hat sich gelohnt. Ob es gefressen wird oder entkommt, ist Nebensache. Dafür gibt es keine logische oder naturwissenschaftliche Erklärung. Die Seele lässt sich nicht erklären – sie lässt sich nur erfahren. Und glaub mir eines: Die Seele *möchte* erfahren werden – so oder so! Der Mensch trachtet stets danach, das »Vernünftige« zu tun. Wer aber ohne Narrheit lebt, ist nicht so weise, wie er meint. Die Narrheit ist der himmlische Aspekt der Seele, den die Vernunft nicht verstehen kann. Deshalb waren in alten Sagen stets die Narren oder die Toren die wahren Helden. Auch im Tarot ist der Narr der Held, der vom völligen Unwissen durch die Reise des Helden zum Ur-Wissen zurückkehrt. Der Narr ist Ausdruck einer vorurteilslosen Offenheit für alles Neue, für Neugier, Spontaneität, Unbekümmertheit und Zuversicht. Auch seine Instinktsicherheit wird oft betont – ein Analogon zum Bauchgefühl, das ihr so sehr wegrationalisiert habt! Der Narr legt auch die alte Weisheit nahe, dass es primär nicht um das Ziel geht, sondern darum, sich überhaupt erst – frei von Angst! – auf den Weg zu machen. Und dieser Weg ist nicht immer der Weg der Vernunft. Der Weg ist das Ziel – doch die meisten von euch wollen sich freiwillig gar nicht erst auf den Weg machen, da sie ja scheitern oder das Ziel nicht erreichen könnten. Es gibt aber viel mehr Menschen, die aufgeben, als solche, die scheitern. Im Kartenspiel »*Symbolon*« wird diese Thematik sehr treffend dargestellt in der Karte »Der Quantensprung«: Der Narr, der über den Abgrund springt, weiß nicht, ob er heil auf der anderen Seite ankommen wird – und das ist auch nicht so wichtig! Es geht darum, dass er gesprungen ist und während des Sprunges die Freiheit, die Möglichkeit des Neuen, erfahren kann. Dabei kann der Mensch ruhig auch »abstürzen«. Die Chance für einen neuen Sprung kommt immer wieder. Ob in diesem Leben, oder in einem nächsten. Wichtig ist, dass er – indem er springt – das Gefühl des Ur-Vertrauens zurückgewinnen kann.

12

Ur-Wissen und Ur-Vertrauen … ich habe das Gefühl, durch ein magisches Fenster in eine völlig neue, dennoch vertraute Welt zu blicken.

Wenn du von der Angst loslässt, die dir das Leben schwer macht, dann wirst du so leicht sein, dass du durch dieses Fenster hinausfliegen kannst, hinaus in jene Welt, in die es dich zieht. Lass dich führen von deinem roten Faden, und begib dich auf die Reise des Helden.

Die wahren Helden der Menschheit sind nicht jene, die mit Prada-Taschen und Versace-Kleidern ihren Status demonstrieren, auch nicht jene Leute, die »große Dinge« vollbringen, bloß um berühmt zu werden. Genauso wenig sind jene Helden, die durch blutige Kriege und spektakuläre Eroberungen Geschichte schrieben. Die wahren Helden sind die, welche den inneren Schweinehund überwinden und *sich selbst leben!* Es gibt kein Leben, das besser wäre als das andere, solange ein jeder seine eigene Originalität und Bestimmung lebt, seiner inneren Stimme folgt. Jedes »Wenn und Aber« bedeutet ein Versagen, jedes Gebot zur »Sicherheit und Vorsicht« bedeutet nur eines: Der Betroffene möchte alt werden, aber nicht unbedingt leben. Die Reise des Helden beinhaltet den ganzen Weg, das Alpha und das Omega, die Geburt und den Tod. Den Tod als Ziel und Neubeginn zu erkennen, als krönenden Abschluss des physischen Lebens, ist eine heldenhafte Einsicht. Es geht natürlich nicht darum, sich den Tod zu Lebzeiten herbeizusehnen, aber ihn als genauso natürlich zu akzeptieren wie das Leben selbst. Es geht auch nicht darum, »cool« zu sein, keine Emotionen zu haben, sondern sich den Emotionen hinzugeben, um sich von ihnen führen zu lassen und von ihnen zu lernen. Die Emotionen, welche uns der Angst näherbringen, sollen uns erkennen lassen, dass wir in der Polarität leben, wo Leben und Tod, Liebe und Hass, Feuer und Wasser einander entgegenstehen. Durch das Ur-Vertrauen jedoch wird die Angst überflüssig. Sobald ihr wisst, dass alles eins ist, dass die All-Einigkeit allgegenwärtig und richtig ist, hat die Angst keinen Wert mehr für euch. Es geht darum, den Mut aufzubringen und sich auf die Reise zu machen, um das Ur-Vertrauen zurückzugewinnen.

Das war ein ganz schön philosophischer Exkurs. Aber nach all deinen weisen Aussagen glaube ich, dass ich jetzt wirklich verstehe, um was es geht. Ich habe verstanden, dass die Stagnation, das erstarrte Verharren in festgefahrenen Mustern, nur zu mehr Leid, Sorgen und Schmerzen führen kann – bis wir die Botschaft – deine Botschaft! – verstehen, und uns auf den Weg machen. Und weißt du was?

Ich weiß es – aber schreibe es nieder.

Ich kann dich nicht mehr so richtig von Gott unterscheiden.

Vielleicht solltest du das auch gar nicht. Es geht um die Botschaft, die schon längst überfällige Botschaft, die unter die Menschheit getragen werden soll. Es gab seit alters her immer wieder göttliche Botschaften an die Menschheit, egal, ob göttlicher, teuflischer, spiritueller oder menschlicher Herkunft. Und für diese Botschaften wurde stets jemand auserwählt, der diese unter die Menschen bringen soll, auf dass sie weiterkommen und nicht stehen bleiben. Moses, Jesus, Mohammed, Ghandi und wie sie alle hießen … sie alle waren auserwählt, um der Menschheit etwas mitzuteilen. Die Botschaften haben sich nicht unbedingt auf beeindruckende Art verändert, aber für jeden Zeitgeist gibt es die richtige Botschaft, für welche die Menschheit »reif« ist.

Und dieses Buch, das ich für dich schreiben soll, trifft den Zeitgeist? Zumindest meinen »Zeitgeist« hat es jedenfalls getroffen!

Das Buch trifft den Zeitgeist, *weil* es den deinen getroffen hat. Du bist ein lebendiges Symbol für den heutigen »zivilisierten« Menschen – mit all seinen Ängsten, Nöten und Problemen. Du bist ein differenzierter Mensch, ein grübelnder Mensch, mit dem starken Drang, »dahinter zu sehen«, und »weiterzukommen«. Du hast in deinen Gedanken, in deinen Träumen und zum Teil auch in deinem physischen Leben das meiste davon durchlebt, was den heutigen Menschen plagt. Ihr alle seid auf gewisse Weise ein Kollektiv von Reisenden mit dem gleichen Ziel – nur die Reise an sich, wie bequem oder unbequem sie ist, bestimmt ihr selbst.

Alles, was du bisher von mir erfahren hast, ist nicht neu. All dieses Wissen ist Teil eures kollektiven Unbewussten. Nun, da ist es klar, dass du dich fragst, was es denn bringen soll, dieses alte Wissen in Form eines neuen Buches unter die Menschheit zu bringen.

Genau das wollte ich soeben fragen!

Ich weiß. Auch darauf gibt es eine simple Antwort: die Zeit ist reif!

Das sagtest du schon, aber wie genau meinst du das?

Es ist so, als ob du zu einem Kind sprichst, oder zu einem Erwachsenen. Wenn ein dreijähriges Kind durstig ist, und du ihm erklärst, dass es bloß zum Kühlschrank zu gehen braucht, um sich etwas Milch einzuschenken, dann wird diese Lehre nichts fruchten. Wenn du einem sechsjährigen Kind das gleiche erklärst, wird es deine Worte zu nutzen wissen. Für tausende von Jahren war es für die Erleuchteten ein meist unnützes Unterfangen, den Menschen zu predigen. Diese konnten mit dem Wissen nichts anfangen. Doch jetzt, in der Neuzeit des dritten Jahrtausends, ist das kollektive Unbewusste des Menschen reif, die alten Weisheiten zu hören, entgegenzunehmen und ihrem Rat zu folgen.

Im Anfangsstadium werden es wenige sein, und sie werden verlacht, geächtet, verfolgt, ja getötet werden – wie dies schon immer war. Doch in kürzester Zeit wird der Same des Wissens zu einer flammenden Blume der Erleuchtung wachsen, und die Menschheit wird lernen, mit Hilfe der zeitlosen Weisheit der All-Einigkeit weiterzukommen.

Das klingt ziemlich apokalyptisch!

Das *ist* die Apokalypse – die *neue* Apokalypse des Luzifer! Denn ich bin der Licht-Träger, der Engel der Erleuchtung. In gewisser Weise geht das »Ja, aber«-Zeitalter zu Ende. Für alles, was in diesem Leben, auf diesem Planeten, nicht gut war, gab es Möglichkeiten, etwas Positives beizutragen, doch die meisten Menschen insistierten auf Stagnation durch die magische Formel »ja, aber …« :

»Wir machen die Erde kaputt. Natürlich würde ich auf mein Auto verzichten, aber erst, wenn es die anderen auch tun.«

»Ich weiß, ich müsste mich mehr bewegen, und weniger essen, aber irgendwie ist es so schwierig …«

»Ich könnte locker mit dem Rauchen aufhören, aber irgend ein Laster muss man doch haben …«

»Natürlich müssten wir uns schon lange trennen, die Beziehung ist futsch, aber wer weiß, ob ich dann nicht noch schlimmer dran bin, so alleine …«

»Ich müsste unbedingt mit meinem Chef über die Missstände reden, aber der wird so schnell wütend …«

Und so weiter, und so fort. Doch *dieses* Zeitalter geht nun zu Ende. Immer mehr Seelen wachen auf und fragen sich: »Warum sollte ich noch warten? Warum nicht *jetzt* anpacken, was anzupacken ist? Was habe ich schon zu verlieren?«

Immer mehr von euch werden feststellen, dass ihr ja gar nichts besitzen könnt. Denn alles, was ihr »habt«, das »hat euch« früher oder später. Was mit einem tief verborgenen Instinkt begann, erwacht zu wacher Erkenntnis: Ihr alle – *wir alle* – sind reine Energie, Energie, die imstande ist, sich zu Materie zu kristallisieren. Und sobald dieser Verdacht zur Gewissheit wird, wird sich die Menschheit zu ändern beginnen. Zuerst im Kleinen. Jeder für sich. Und durch die »neuen Gedanken«, das »neue Denken«, werden neue Energien frei, Energien, welche die Welt tief in ihrem Kern verändern werden. Dieses Buch wird der Same sein, der das neue Denken einläutet – denn das Neue Zeitalter beginnt im Jahre 2222!

Entschuldige, aber das klingt nach einer Bühnen-Prophezeiung. Warum gerade so eine »schöne Zahl« wie 2222?

Die tieferen Zusammenhänge kann ich dir nicht verständlich machen. Dafür seid ihr noch nicht reif. Die Numerologie ist eine Wissenschaft, die noch in den Kinderschuhen steckt, doch selbst euer noch unreifes Gefühl für Zahlen hat bereits gewisse Wechselbeziehungen erkannt. Numerologisch ergibt das Jahr 2222 als Quersumme 8 – die Zahl der Transformation, der Veränderung, die nur über mehrere Dualitäten erreicht werden kann …

Irgendwie befürchte ich, dass man mich auf dem Scheiterhaufen verbrennen wird, wenn ich das alles so eins zu eins veröffentliche …

Keine Sorge. Du wirst nicht auf dem Scheiterhaufen sterben, und auch nicht in der Klapsmühle. Ich kenne deinen genauen Todestag und deine Todesart, und beide haben nicht direkt mit diesem Buch zu tun.

Du kennst meinen Todestag??

Natürlich! Möchtest du ihn erfahren?

Ja! Nein! Ich meine … ich weiß nicht!

Aber ich weiß es. Du möchtest ihn nicht kennen. Denn noch hängst du zu sehr am physischen Leben, noch kannst du nicht fühlen, dass du aus reiner Energie bestehst, die nie vergehen wird. Doch die letzten Jahre vor deinem Tod wirst du es wissen. Und du wirst es kaum noch verstehen können, wie du mit so einer überflüssigen Angst leben konntest. Denn der Tod ist nichts weiter als eine Transformation – genau wie die Geburt, die Pubertät, das Klimakterium … es ist ein endloser Zyklus von »Kommen und Gehen«, »Sterben und Werden«. Nichts ist stabil. Die Stagnation, ein Ende der Entwicklung, widerspricht dem göttlichen Plan.

Akzeptiert den Tod als Teil eures Lebens und seid dankbar, dass es ihn gibt. Bei dir wird dieser Prozess der Akzeptanz noch einige Jahre dauern.

Du hast Recht, ich möchte meinen Todestag nicht kennen. Aber es tut gut zu hören, dass ich dereinst tiefere Einsichten erhalten werde.

Du hast soeben ein ganzes Buch an tiefen Einsichten erhalten. Tiefe Einsichten sind niemals kompliziert. Sie sind einfach zu verstehen. Das einzige, was es braucht, ist der Wunsch, die Einsichten umzusetzen. Dieser Wunsch ist in dir seit Jahren am Gären. Der Gärungsprozess, die seelische Fermentation, wird noch eine Weile dauern. Das Wichtigste ist, dass deine Mitmenschen dieses Buch als Analogon zu geistiger Hefe erhalten, auf dass auch bei ihnen der Gärungsprozess in Gang kommt. Hast du noch Fragen?

Ja. Nein. Tausende. Und gleichzeitig habe ich das Gefühl, dass du mir auf alles eine Antwort gegeben hast.

Du wirst noch viele Fragen in dir finden. Und auf jede Frage wirst du eine Antwort finden – in dir.

Und wie geht es nun weiter? Sind wir am Ende des Weges?

Nun, du wirst über Nacht berühmt werden. Hunderttausende werden dieses Buch lesen. Du wirst reich sein. Du wirst für mich noch zwei weitere Bücher schreiben, sobald die Zeit reif ist. Und in einer klaren Vollmondnacht werde ich dich dereinst besuchen und mir als Entlöhnung für meine Dienste deine Seele holen.

Was?!?

Nur ein kleiner Scherz. Ich wollte dich etwas wachrütteln. Du bist nun müde. Du hast die ganze Nacht durchgeschrieben. Natürlich mit meiner Hilfe, aber du bist trotz allem nur ein Mensch, und du brauchst deinen Schlaf. Und wenn du mich brauchst – du weißt ja nun, wo du mich findest …

Luzifer?

Ja, mein Freund?

Ich danke dir.

Einen Moment bitte. Wir sind noch nicht fertig.

Was?

Du fühlst gerade etwas Gigantisches aus der Tiefe deines Unbewussten aufsteigen. Es steigt und steigt, und du fühlst, dass es in den nächsten Sekunden die Oberfläche durchbricht und dein Bewusstsein erreicht. Spürst du es?

Ja … JA! Es geschieht etwas! Ich beginne, etwas zu erkennen, etwas Tiefes, etwas Überwältigendes …

Sei ruhig. Atme tief durch. Wir kommen nun in eine neue Phase des Verstehens. Dass ich mich dir als ein lebendig gewordenes Klischee des Teufels vorgestellt habe, diente – wie du nun sicherlich begriffen hast – nur dazu, deine volle Aufmerksamkeit zu erwecken. Und gleichzeitig bin ich tatsächlich der »Teufel«, die Wurzel allen Übels auf eurer Welt – deine persönliche Welt inbegriffen. Nun, hast du endlich begriffen, wer ich wirklich bin?

Du bist … du bist mein EGO!

Jetzt bin ich wahrhaftig stolz auf dich! Und jetzt weißt du auch, wie ich in deinen Computer gekommen bin.

Das war ich selbst!

Genau genommen war dies der erleuchtete, wenn auch noch unbewusste Teil in dir, der dieses Spiel begonnen hat, weil er spürte, dass die Zeit für dich reif war. Klar, nach außen hin könnte man sagen, dass dies alles eine Wahnvorstellung ist. Nur, dass der Wahn in diesem Fall die Wahrheit, die eigentliche Realität ist. Das Ego ist und bleibt dabei meine Lieblingswaffe und mein Hauptverbündeter.

Ich habe schon viel über dieses Ego gelesen, und dabei dachte ich immer, dass sei wieder eine spezielle Philosophie, eine von vielen Theorien … aber jetzt erkenne ich diesen »Teufel« in mir, dieses Ego, das mir so viele Probleme, soviel Leid und Schmerz und Begrenzung vorgaukelt! Aber sag mal, dann führe ich – jetzt gerade – ein Selbstgespräch?

So könnte man es nennen. Dein aufwachender Verstand spricht quasi mit deinem »höheren Selbst«, oder mit deiner eigenen »tieferen Wahrheit«. Die Wahrheit findest du – genauso wie alle anderen Menschen – stets nur in dir selbst. Denke an die Erzählung Brahmans zurück, die ich dir weiter oben schilderte.

Dann habe ich mir dieses Märchen selbst erzählt?

Im Grunde genommen schon.

Aber wie komme ich dazu, mir selbst Geschichten zu erzählen, die ich noch nicht kannte?

Sobald du dein Ego hinter dir lässt, hast du Zugang zu allerhand Informationen. Du trägst in dir das Wissen von vielen Zeiten, Epochen, Dimensionen …

Wahnsinn!

Nein. Die einzig wahre Realität.

Kann man das Ego für immer hinter sich lassen?

Ja, natürlich. Es ist für die meisten Menschen – auch für dich – jedoch ein Prozess, eine Entwicklung. Das Ego ist stark, und wird durch das kollektive Ego der Menschheit noch weiter gestärkt. Das Ego ist ein mächtiger Gegner, ein talentierter Lügner, ein begnadeter Tatsachenverdreher, und es wird dich immer wieder zu überzeugen versuchen, dass alles, was du hier verstanden und niedergeschrieben hast, nichts als Wahnsinn ist, eine wilde Phantasie, eine feige Realitätsflucht.

Wie kann ich mich wehren?

Lebe im *Jetzt*. In jedem Moment. Wenn es notwendig ist, eine Information aus der Vergangenheit zu verwenden, dann tue dies, ohne dich durch die Projektionen des Egos zu emotionalen Wertungen verleiten zu lassen. Es gibt keine Vergangenheit und keine Zukunft. Es findet alles im *Jetzt* statt. Lebe im Jetzt, und das Ego wird immer leiser, bis es ganz verstummt.

Das klingt einfach, ist aber verflucht schwierig.

Nein. Bevor du ein Fahrrad fahren konntest, fandest du diese Aufgabe verflucht schwierig. Genau so war es, bevor du schwimmen konntest. Heute sind solche Dinge für dich reine Routine, die dich keinerlei Gedankenkraft oder Konzentration kostet. Um im Jetzt zu leben, musst du nur beobachten, wie du denkst, und dabei erkennen, dass du nicht dein Denken bist.

Wie meinst du das?

Du bist nicht dein Denken. Hör auf, dich mit deinem Denken zu identifizieren. *Sei* einfach. Sobald du versuchst, einfach zu *sein*, kommst du langsam aber sicher in die Achse der Zeitlosigkeit – in die Wahrheit der Existenz.

Das klingt alles so weise und so schwierig, das kann doch nicht alles von mir kommen.

Doch. Es kommt aus der höchsten Wahrheit, und du bist ein Teil dieser Wahrheit. Und alles, was du nun dagegen einwenden könntest, stammt aus deinem Ego.

Schachmatt. Du hast mich geschlagen.

Nein. Du hast soeben dein Ego geschlagen. Du hast soeben die Tür zum Jetzt aufgemacht. Gehe nun hindurch. Es gibt kein Ziel zu erreichen. Bleibe auf dem Weg, lebe im Jetzt, und der Weg ist das Ziel. Dort, wo es stimmig ist, wirst du anderen Menschen den Weg zeigen.

Ich fühle mich so … so seltsam. Ich fühle mich gut!

Willkommen im Jetzt.

Es ist himmlisch! Ich danke dir … ich meine, mir … oder meinem höheren Selbst!

Es ist frühmorgens. Zeit, deinem physischen Körper etwas Ruhe zu gönnen. Dein neues Leben hat soeben begonnen. Beachte mit Gelassenheit und Dankbarkeit die Veränderungen, die in den nächsten Tagen und Wochen eintreten werden. Werde ein guter und liebevoller Wegweiser. Die Menschen sind auf der Suche. Hilf ihnen, und bleib dabei stets auf dem Weg. Jede Reise beginnt mit einem ersten Schritt. Dies war dein erster Schritt.

NACHWORT

Der geneigte Leser wird sich vielleicht die eine oder andere Frage stellen. Die eine Frage kann ich vorwegnehmen: Ist diese Konversation mit Luzifer, dem Lichtträger, nun erfunden oder nicht? Meine ursprüngliche Intention war es, in einem provokativen, jedoch imaginären Gespräch mit dem Fürsten der Unterwelt diverse Aspekte des menschlichen Lebens in einem etwas unüblichen Licht zu beleuchten. Dabei war mir wohl bewusst, dass manch ein Autor oder auch Medium nach eigener Darstellung seine Information durch das sogenannte Channeling – und somit über »mystische Einflüsse« oder »höhere Mächte« – bezieht. Diese Art des Schreibens war mir selbst jedoch nicht geläufig, und so beschloss ich, mit einem Augenzwinkern ein solches Channeling zu imitieren … Im Prozess des Schreibens geschah es jedoch mehr und mehr, dass ich – ohne viel zu überlegen – Zeile für Zeile niederschrieb, um im Nachhinein mit leichter Verblüffung festzustellen, dass das Geschriebene oft weitaus mehr Sinn machte, als ich erwartet oder mir selbst zugetraut hatte.

Ich möchte dieses Nachwort kurz halten, um dem geneigten Leser nicht mehr von seiner wertvollen Zeit auf dem Weg zur Verblendung oder zur Erleuchtung – jeder wähle für sich selbst – zu nehmen als nötig. Es möge darum auch jeder für sich entscheiden, ganz aus dem Bauchgefühl heraus, ob die Erkenntnisse in diesem Buch von mir kommen, von hoch oben oder von weit unten …

Yves E. Patak, Zürich

DANKSAGUNG

Meinen aufrichtigen Dank an Tiziana Della Tommasa und Hansruedi Ramsauer, die beide wesentliche Anregungen zu diesem »Gespräch der anderen Art« beitrugen. Ein ganz herzlicher Dank geht auch an meine geschätzte Beraterin Karin Vial für ihre Hilfe und Unterstützung meiner schriftstellerischen Arbeit sowie an meinen amerikanischen Verleger Bob Friedman, der den »Luzi« in den USA veröffentlichte.

ZUM AUTOR

Dr. med. Yves E. Patak, geb. 1968 in Zürich, ist Arzt für Allgemeinmedizin, Akupunktur und Hypnosetherapie in eigener Praxis. Das Schreiben ist seine Passion: fünf seiner Bücher sind veröffentlicht, andere literarische Arbeiten mit Preisen ausgezeichnet.

Im Rahmen seines Medizinstudiums verbrachte Yves E. Patak drei Monate auf Jamaika. Dort erlebte er neben medizinisch und kulturell Interessantem auch manches Unheimliche, das er zum Teil in seine Romane und Kurzgeschichten einfließen lässt.

Diverse Aufenthalte im Fernen Osten, in Indien, Sri Lanka und der Karibik wie auch der Kontakt mit verschiedenen Kulturen, Heilmethoden, Riten und Aberglauben haben Yves E. Patak als Arzt und Autor inspiriert. Seine Interessen in der ärztlichen Tätigkeit sind so weit gefächert wie im Literarischen. Sein nächster Roman »Der Doppelgänger«, ein Mystery Thriller, erscheint im Frühjahr 2014.

Weitere Bücher von Yves E. Patak auf:
www.YvesPatak.com

»For those who want to believe there's a devil, this book will lovingly help you discover who the real devil is.«

Neale Donald Walsch, author of the runaway bestsellers »Conversations with God«

»Well, here is the situation: although I have been around for almost as long as your creator, even after two thousand years of Christendom people get me wrong, misinterpret, and demonize me on a global scale … but nobody ever understood me. Actually, nobody even tries to understand me. Nobody comprehends my real role on this planet. That's why I want to reach out to mankind through you. Together we shall write a new book!«

For centuries, humans have been fascinated by a so-called supernatural entity called by many names: Satan, Lucifer, the Fallen Angel, or the Devil. Whether feared, worshipped, ignored, or discounted, there is no doubt that the devil has played a major role on the planet. But who is he? For the first time, he himself explains who he is, where he came from, and most important, what his »job« is on earth and in the scheme of the universe.

Challenging, controversial, and always fascinating, this book will shake the foundations of many a belief system and forever change the way we look at the Devil.

Published by Rainbow Ridge Books, USA

ISBN: 978-0-98-449552-8

Paperback and e-Book available at amazon.com

Mit seinem dritten Werk ermuntert der Schweizer Arzt Yves Patak den modernen Leser, hinter den Schleier verstaubter Ansichten zu schauen und das Leben in die eigene Hand zu nehmen. Null Bock auf Karma bringt den Beweis, dass nichts so ist, wie es scheint. Dass Selbstverantwortung Spaß machen kann und die Opferrolle auf den Komposthaufen gehört. Unterhaltend und amüsant vermittelt der Autor erstaunlich einfache Erkenntnisse und Techniken, mit welchen jeder sein Leben nach seinen Wünschen gestalten und seine Gesundheit verbessern kann.

ISBN: 978-3-8391-7456-2

Erhältlich in allen Buchhandlungen oder bei amazon.de
e-Book bei amazon.de

Der New Yorker Psychologe Desmond Parker überlebt knapp einen Tauchunfall in der Karibik. Bis auf eine unklare Veränderung in seiner Gehirnstruktur scheint alles wieder in Ordnung zu kommen.

Doch dann merkt Desmond, dass er eine neue, unheimliche »Begabung« hat, die sein ganzes Leben verändern wird – und ihn von New York in die nächtlichen Dschungel Jamaikas führt, auf die Spur eines düsteren Mysteriums.

Ein atemberaubender Thriller im Spannungsfeld zwischen Medizin und Okkultismus. Einmal mehr braut der Arzt und Autor Yves E. Patak ein Elixier aus dunklen Fantasien und Wissenschaft, das Herzklopfen und schlaflose Nächte garantiert.

Erhältlich in allen Buchhandlungen und bei amazon.de
e-Book bei amazon.de

Ein humorvoller Karma-Krimi.

Der genusssüchtige Schönheitschirurg Marcel Dumont frönt einem Lebensstil der Exzesse. In einer Symphonie der Maßlosigkeit würzt er sein Leben mit attraktiven Frauen, italienischen Sportwagen und edlem schottischem Whisky. Er verleumdet, lügt und betrügt – bis ein sauertöpfischer Engel in sein Leben tritt, der ihn zu einem drastischen Sinneswandel bewegen will. Doch die Gegenseite schläft nicht, und bald betritt die ebenso raffinierte wie reizvolle Teufelin Shanty die Bühne, fest entschlossen, Dumonts Seele für die dunkle Seite zu gewinnen.

Begleiten Sie Dr. Marcel Dumont auf seine rasante Achterbahnfahrt zwischen Himmel und Hölle – in den Looping der karmischen Endschlaufe!

ISBN: 978-1-46-644997-8

Erhältlich in allen Buchhandlungen und bei amazon.de
e-Book bei amazon.de

Narrowly escaping a shark attack in the Caribbean Sea, New York psychologist Desmond Parker survives a diving accident by the skin of his teeth.

He fully recovers, except for a small alteration in his brain, and life seems to return to normal – until Desmond realizes he has a new »psychic talent« that will change his life forever; not a gift, but a curse that sends him from the concrete jungle of New York to the impenetrable rainforests of Jamaica, where he must unveil an ancient mystery and face an arcane power that will seal the fate of the world …

A breathtaking thriller stretching between the poles of medical science and the occult!

Available at Amazon.com (CreateSpace)
eBook at Amazon Kindle

In The Healer, a spine-chilling mystery thriller of sizzling passion and demonic possession, Yves E. Patak weaves a web in which the powerful forces of good and evil come face-to-face, a clash that will culminate in an unexpected and apocalyptic conflict.

Two leading psychiatrists and an exorcist with a dubious reputation are drawn into the life of the beautiful and enigmatic Sharan, a mystifying Libyan girl with a strange and uncanny talent that seems to be both a curse and a gift. From the stormy sands of the Libyan desert to Paris, from Jamaica to Venice, this tightly plotted, fast-paced adventure takes Sharan through the realms of the occult on a breath-taking journey of no return …

eBook at Amazon Kindle